Pure
SURFCAMPS
SURFTRAVEL FOR EVERYONE
WHO LOVES SURFING
INDONESIEN, MALEDIVEN, COSTA RICA, MAROKKO,
FUERTEVENTURA, TENERIFFA,
FRANKREICH, SPANIEN, PORTUGAL ...
WWW.PURESURFCAMPS.COM
SUPPORTED BY
QUIKSILVER
ROXY

SWEET point
QUIKSILVER

QUIKSILVER
STAY HIGH!

#ONLYTHECOMMITTED

www.c-skins.com
C-SKINS
COLD WATER WETSUITS
DESIGNED & DEVELOPED
IN NORTHERN EUROPE
Photo: Sharpy

HERZLICH WILLKOMMEN...

... zu deinem nagelneuen „Wellenreit-Guide“!

Ziemlich wahrscheinlich hältst du dieses Buch in Händen, da du dich für den Sport der Könige interessierst, richtig? Du hast eventuell schon Erfahrungen in der Welle gesammelt oder planst gerade deinen ersten Surf-Trip. Wenn das der Fall ist, hast du so weit alles richtig gemacht. Dieses Buch soll dir den Einstieg in die wunderbare Welt des Wellenreitens möglichst einfach gestalten. Schritt für Schritt tauchen wir dabei immer tiefer in die Materie ein. Welche Meere gibt es, was unterscheidet sie voneinander und wie entstehen die Wellen, die wir surfen wollen? Welche Gefahren lauern beim Surfen und welche Regeln gilt es zu beachten? Welches Surfbrett ist das richtige für einen und welchen Neoprenanzug brauche ich für eine Surf-Session in der heimischen Nordsee? Wann kann ich wo am besten meinen Surf-Trip starten? Welches Surfcamp passt zu mir und wie halte ich mich für den nächsten Surf-Trip fit? Wie repariere ich mein Surfboard und warum klappt der Cutback eigentlich nicht so, wie ich will? Diese und noch weitere Fragen werden dir die kommenden Seiten beantworten und somit viel Lehrgeld und Frust ersparen. Jeder, der es schon mal ausprobiert hat, wird wissen, wie mühsam Surfen sein kann. Am Ende ist es alle Mühen wert, denn Surfen ist weit mehr als nur ein „Sport“!

Wir sehen uns im Wasser!

DER AUTOR

Lars Jacobsen (* 1980) reist seit 1999 beruflich den Wellen hinterher. Der Chefredakteur von PRIME SURFING (ehem. SURFERS) hat alle Bilder (außer anders markiert) selbst fotografiert

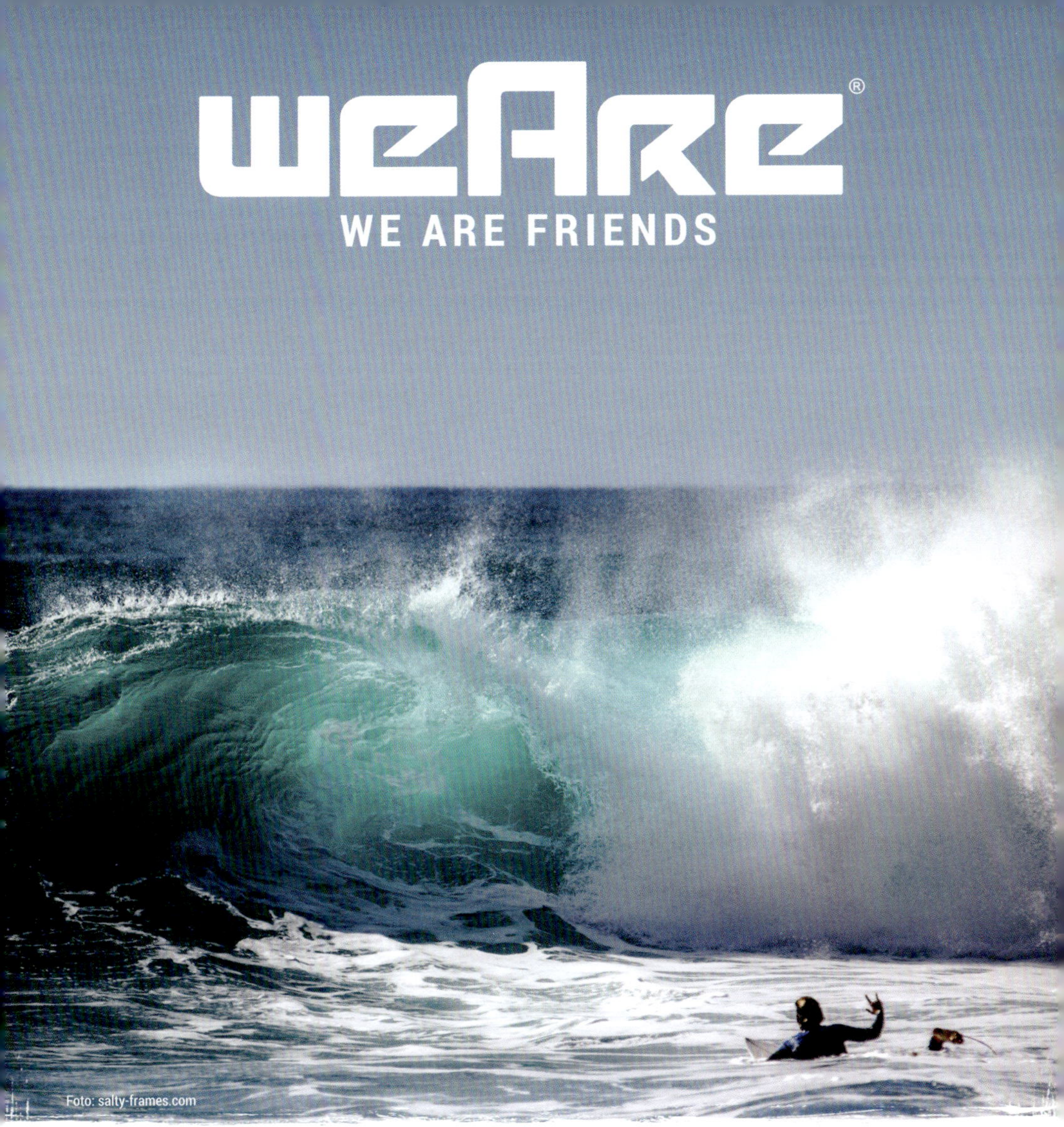
weAre®
WE ARE FRIENDS
Foto: salty-frames.com

INHALT

BIG DING

CSKINS
OAKLEY

THEORIE

Wie bei fast allem steht am Anfang erst mal eine Runde Theorie auf dem Zettel. Denn bevor es in die tosenden Fluten geht, sollten wir ein paar grundlegende Dinge über den Ozean wissen. Wie funktionieren Wellen, welche Gefahren lauern da draußen, welche Regeln sind zu beachten und woher kommen Wellen eigentlich?

DAS MEER

Rund 71% der Erdoberfläche sind mit Wasser bedeckt. Gut für uns Wellenreiter, denn Wellen gibt es an fast jeder Küste.

Wellen kann man an fast jeder Küste dieser Erde reiten. Selbst in den verhältnismäßig kleinen Meeren Nord- und Ostsee wird fast täglich irgendwo gesurft. Sogar am Bodensee ist Wellenreiten möglich. Wir konzentrieren uns hier aber erst mal auf die drei größten Ozeane des Planeten. An den Küsten des Atlantiks, des Pazifiks und des Indischen Ozeans ist das Potenzial für perfekte Wellen am höchsten.

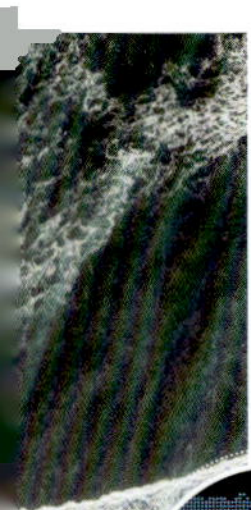

PAZIFIK

Alles am Pazifik ist riesig! Er ist fast doppelt so groß wie der Atlantik und bedeckt ein Drittel der gesamten Erdoberfläche. Er ist der tiefste Ozean und beherbergt den größten (Unterwasser-)Berg der Erde, das größte Korallenriff und, viel wichtiger für uns, er ist das Zuhause der größten Wellen. Die heftigen Stürme über den Aleuten im Nordpazifik sorgen ebenso wie die Stürme der „Roaring Forties" für konstanten Swell aus allen Himmelsrichtungen. Der Pazifik ist eingerahmt vom Feuerring: Am Rand der Pazifischen Platte liegen 452 Vulkane, die sich von Neuseeland über Alaska und Japan bis hin nach Chile erstrecken. Majestätisch ragt Hawaii inmitten dieser riesigen tektonischen Platte aus dem Pazifik empor und bildet das Zentrum des Feuerrings sowie auch des Surf-Universums.

Fläche: ca. 165.200.000 km^2
Volumen: ca. 696.190.000 km^3
Tiefste Stelle: 11.034 Meter (Marianengraben)

ATLANTIK

Im Vergleich zum größeren und tieferen Pazifik wirkt der Atlantik vielleicht im ersten Moment nicht so beeindruckend, dennoch weist auch er ein paar spannende Superlative auf. Der Atlantik ist der stürmischste Ozean der Welt, in ihm kommen die größten Tidenunterschiede vor und der Mittelatlantische Rücken formt den längsten (Unterwasser-)Gebirgszug der Erde. Dieser Gebirgszug ist so lang wie das Himalaja, die Anden und die Rocky Mountains zusammen. Der Atlantik bedeckt 25 Prozent der Erdoberfläche und bekommt von allen Ozeanen die meiste Frischwasserzufuhr durch Flüsse. An den Ufern des Atlantiks leben im Vergleich die meisten Menschen.

Fläche: ca. 81.705.000 km^2
Volumen: ca. 345.700.000 km^3
Tiefste Stelle: 8.605 Meter (Puerto-Rico-Graben)

INDISCHER OZEAN

Obwohl der Pazifik der größte und der Atlantik der stürmischste Ozean ist, findet man trotzdem die besten Wellen im Indischen Ozean. Warum ist das so? Die „Roaring Forties“, eine Region nördlich der Antarktis, in der ein Tiefdruckgebiet das nächste jagt, erzeugen fast ununterbrochen Wellen. Auf ihrer schier endlosen Reise durch den südlichen Indischen Ozean finden sie keine Landmassen, die die Wellen abbremsen könnten. Dieses sehr stabile Sturmgebiet auf Höhe der 40er-Breitengrade der Südhalbkugel schickt somit ständig perfekten Swell gen Norden. Indonesien und ein paar verstreute kleine Inseln saugen diese Wellen auf und wandeln sie um in Weltklasse-Breaks vor tropischer Kulisse. Nicht umsonst ist Indonesien das Surf-Urlaubsgebiet Nummer eins.

Fläche: ca. 74.970.000 km^2
Volumen: ca. 291.900.000 km^3
Tiefste Stelle: 8.047 Meter (Sundagraben)

NORDSEE

Die Nordsee bietet für viele von uns die Grundlage des Wellenreitens. Ob vor Sylt, den ostfriesischen Inseln, Helgoland oder auch in Holland und Dänemark, überall wird regelmäßig gesurft. Die Locals teilen dabei eine Art Hassliebe mit der Nordsee. Dadurch, dass sie mit einer Flächenausdehnung von rund 575.000 Quadratkilometern und einer durchschnittlichen Tiefe von circa 90 Metern recht klein und flach ist, können sich nur selten echte Ground-Swells bilden. In der Regel surft der Nordsee-Surfer daher verblasene und kabbelige Windwellen, die durch Tiefdruckgebiete direkt über den Küsten erzeugt werden. Oft kämpft man gegen die Elemente, was wiederum den Charme unserer Haus-und-Hof-Wellenmaschine ausmacht. Und diejenigen, die der Nordsee trotz aller Umstände treu bleiben und regelmäßig an die Küste fahren, die werden auch immer wieder mit überraschend guten Tagen belohnt. Nordsee-Surfen lohnt sich!

Fläche: ca. 575.000 km^2 **Volumen:** ca. 54.000 km^3 **Tiefste Stelle:** 725 Meter

OSTSEE

Die Ostsee ist das größte Brackwassermeer der Welt und im Vergleich zur Nordsee nochmals um einiges unzuverlässiger, was surfbare Wellen angeht. Unsere deutschen Ostsee-Spots wie Weißenhaus, Timmendorf, Damp, Kühlungsborn etc. laufen zu 99% nur durch starke Onshore-Winde. Das bedeutet in der Regel kurze Perioden und extrem kabbeliges Chaos. Die Ostsee-Locals kennen jedoch ihre Küste inzwischen so genau, dass sie immer wieder erstaunlich gute Sessions abbekommen. Aber du bist besser exakt zum richtigen Zeitpunkt am richtigen Ort, ansonsten ist der Frust schnell groß.

Fläche: ca. 412.500 km^2
Volumen: ca. 20.000 km^3
Tiefste Stelle: 459 Meter

WIE ENTSTEHEN WELLEN

Wellenphysik für Anfänger – wie tickt der Ozean?

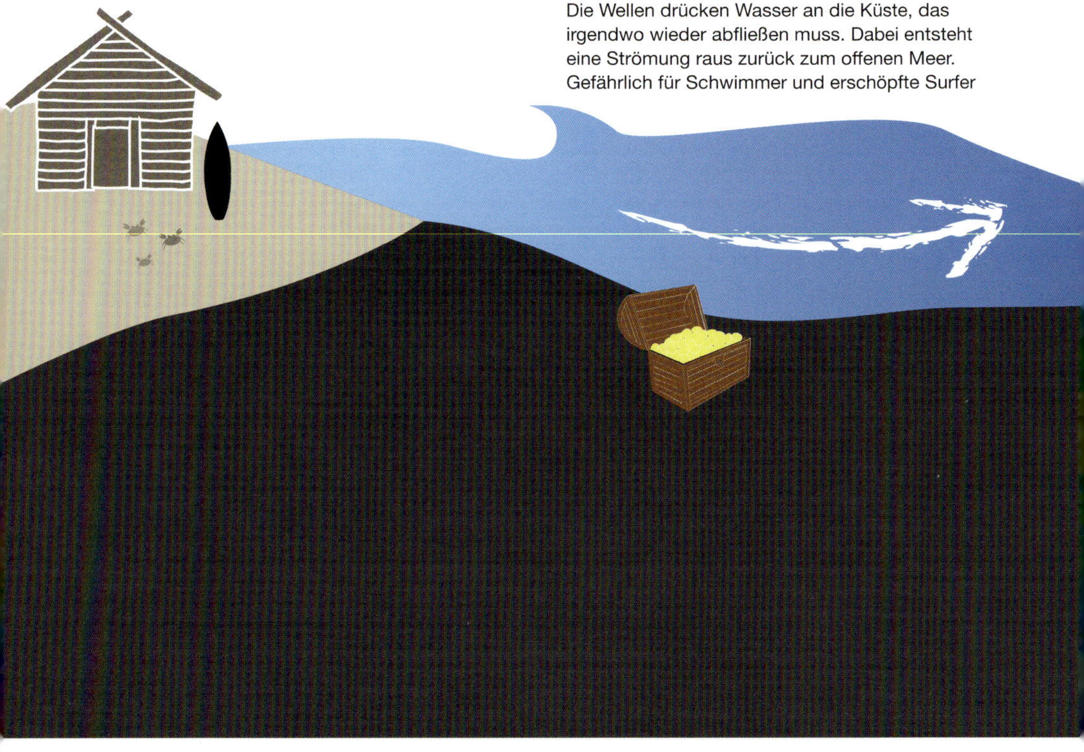

Wir wollen hier nicht zu tief in die Physik der Meere abtauchen. Nur so viel: Stürme produzieren die Wellen, die wir zum Surfen brauchen. Je heftiger der Sturm, desto größer die Wellen. Für uns ist es allerdings wichtig, dass dieser Sturm möglichst weit weg von der Küste tobt, an der wir surfen wollen. Warum bekommt Indonesien so unfassbar gute Wellen ab? Wir haben es ja bereits kurz erwähnt. Rund um die Antarktis wehen regelmäßig heftige Stürme. Diese Stürme „drücken" auf

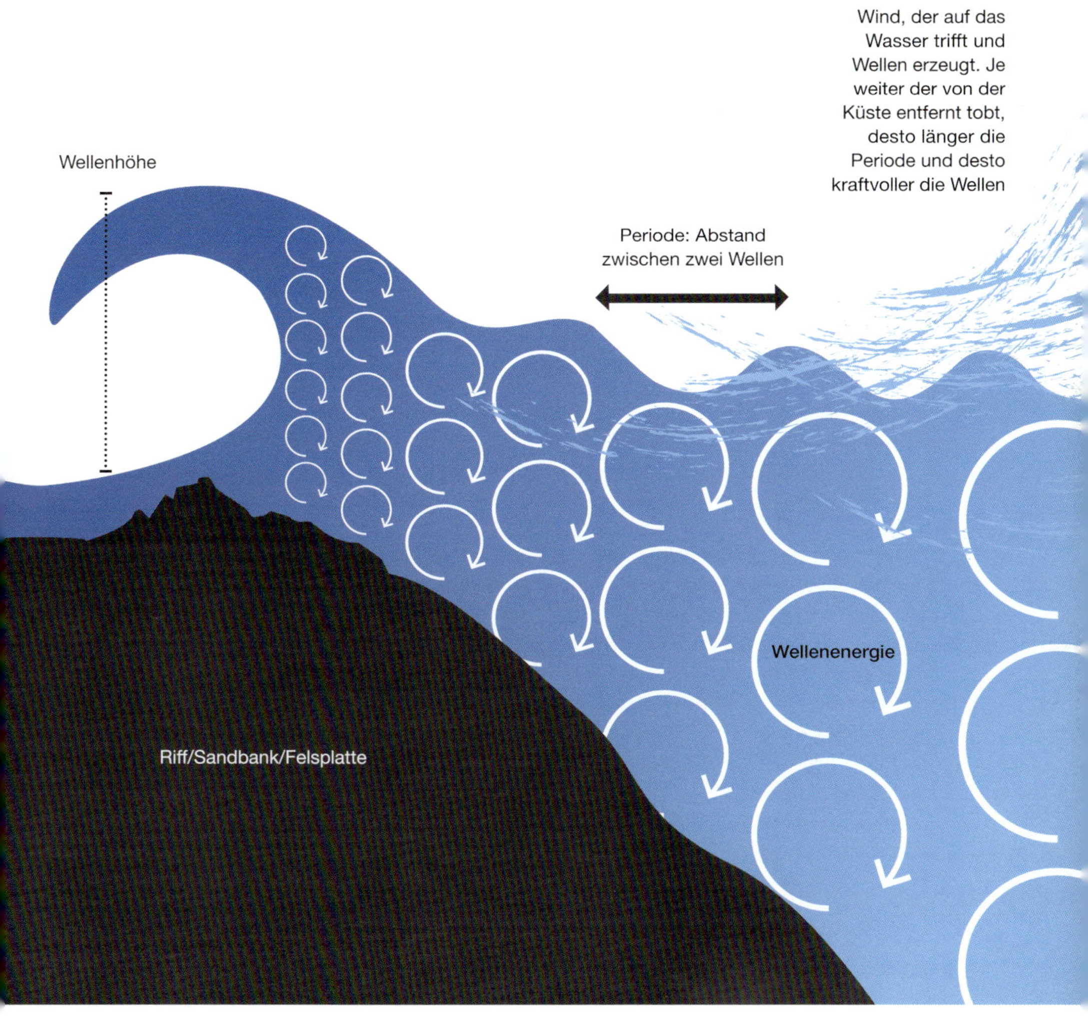

die Wasseroberfläche. Energie geht bekanntlich nicht verloren und so „wandert" sie durch das Wasser. Sie entlädt sich erst, wenn sie auf eine Küste trifft. Im Fall von Indonesien entlädt sie sich in Form von perfekten Brechern. Je weiter der Sturm entfernt ist, desto länger werden die Abstände (auf Swell-Forecast-Seiten heißen diese Perioden) zwischen den einzelnen Wellen-Sets. Je länger die Periode ist, desto mehr Kraft haben die Wellen –und desto glücklicher ist der Surfer.

WEITERE FAKTOREN FÜR PERFEKTE WELLEN

UNTERGRUND
Der Untergrund, über dem die Wellen brechen, ist maßgeblich verantwortlich für die Form und die Laufrichtung der Welle. Dabei haben wir folgende Unterschiede:

BEACHBREAK
Ein Beachbreak ist, wie es der Name verrät, ein „Spot“ über sandigem Boden.
Vorteil: Über einem Beachbreak sind die Risiken, sich am Untergrund zu verletzen, deutlich geringer als über beispielsweise einem scharfen Riff oder über Steinen.
Nachteil: Beachbreaks verändern sich ständig. Der Untergrund ist durch Wellen und Strömungen in ständiger Bewegung. Sandbänke können heute perfekt sein, morgen aber schon unsurfbar. Außerdem bieten Beachbreaks oft keinen definierten Channel. Man muss ordentlich paddeln und gut „duckdiven“ können, um in den Line-up zu kommen.

REEFBREAK
Die bekanntesten Wellen der Welt sind in der Regel Reefbreaks.
Vorteil: Riffe steigen meist steil aus den Tiefen der Ozeane empor und die Energie der Wellen kann sich schlagartig und ohne großen Energieverlust entladen. Perfekte „Barrels“ können dann das Resultat sein.
Nachteil: Oft brechen die Wellen mit großer Kraft fast direkt auf das trockene Riff. Wer hier stürzt, wird wie ein alter Parmesankäse über den spitzen Untergrund gezogen.

POINTBREAK
Ein Pointbreak ist eine Welle, die sich entlang einer Landzunge schält. Points gibt es sowohl mit Sand- als auch mit Stein- oder Riffboden.
Vorteil: Je nachdem, wie die Landzunge geformt ist, können sich kilometerlange Wellen bilden. Der Point von Chicama in Peru ist bei der richtigen Swellrichtung die längste Ozeanwelle der Welt.
Nachteil: Stürzt man an einem Pointbreak bei größeren Bedingungen, hängt man oft dramatisch tief in der Impact Zone fest. Dort wieder unbeschadet rauszukommen ist nicht immer ganz leicht.

WAS IST NOCH WICHTIG FÜR DIE PERFEKTE WELLE?
Neben dem Untergrund ist der Wind vor Ort ein wichtiger Faktor, ob du perfekte Wellen finden wirst oder einfach nur ein wildes, unsurfbares Chaos aus Weißwasser. Wellen zum Wellenreiten lieben es, wenn ein leichter ablandiger Wind (Offshore) über die Welle streicht und so die surfbare Wand der Welle schön glatt ist. Kommt der Wind vom Meer, sagen wir „Onshore“. Zu starker Onshore zerdrückt die Welle, der auflandige Wind macht sie unsurfbar.

Zu sehen ist die berühmte Welle Sunset Point an der North Shore von Oahu. Sie bricht als eine „Right“ entlang der Landzunge in die Bucht. Der Channel ist leicht zu erkennen. Da hier das Wasser aus der Bucht zurück aufs Meer strömt, ist der Untergrund tiefer als überall anders und es brechen an der Stelle keine Wellen

Die berühmten Wellen Pipeline und Backdoor von oben. Pipeline ist eine „Left“, da sie aus Surfer-Perspektive, der die Welle anpaddelt, nach links läuft. Backdoor ist eine „Right“

GEFAHREN

Surfen ist kein ungefährlicher Sport. Wer aber diese Doppelseite aufmerksam liest, ist gut auf das Gröbste vorbereitet.

STRÖMUNGEN

Strömungen sind bei fast jeder Surf-Session ein Thema. Ist eigentlich auch klar, denn wo Wasser in Form von Wellen gegen eine Küste geschmissen wird, muss genau dieses Wasser ja kurz darauf wieder von der Küste weggeführt werden. Dieses Wasser ist die Strömung, die einem die Surf-Session zur Hölle machen kann, manchmal aber auch von Vorteil ist. Denn wenn man Glück hat, kann man sie als eine Art Fahrstuhl zurück in den Line-up nutzen. WICHTIG: Solltest du, egal ob mit oder ohne Surfboard, in einer Strömung festhängen, dann versuche NICHT, gegen diese Strömung anzupaddeln. Du wirst nur deine Energie verschwenden! Eine Strömung ist in der Regel nicht viel breiter als zehn, 20 Meter. Versuche also, parallel zum Strand zu paddeln. Schon nach ein paar Metern wirst du merken, dass die Strömung schwächer wird, bis du kurz darauf komplett aus der Strömung raus bist. Jetzt kannst du gen Strand paddeln und dich ausruhen.

KRAFT DER WELLE

Der Nürnberger Sebastian Steudtner ist einer der besten Big-Wave-Surfer der Welt. Wenn er sich von seinem Tow-in-Partner in diese Riesenwellen ziehen lässt, stürzen hinter ihm Tonnen an Wasser hinunter. Wenn Sebastian mal von den Wassermassen erwischt und tief gen Ozeangrund gedrückt wird, ist seine einzige Devise: „Ruhig bleiben!" Wer jetzt anfängt, mit aller Kraft gen Wasseroberfläche zu strampeln, und panisch wird, wird die Luft, die es braucht, um heil wieder an die Oberfläche zu kommen, im Nu verbraucht haben und in echte Schwierigkeiten kommen. „Ich zähle einfach stumpf die Sekunden, bis es mich irgendwann wieder an die Oberfläche spült", so Sebastian.

DAS EIGENE BOARD UND ANDERE SURFER

Der Hauptgrund für Verletzungen sind entweder das eigene Board oder das der anderen Surfer. An vielen Spots der Erde wird es immer voller im Wasser. Viele Surfer wissen dabei leider nicht, was sie machen (was bei dir spätestens jetzt ja nicht mehr der Fall ist) und lassen ihre Boards unkontrolliert im Wasser umherfliegen. Manchmal ist es zwar nicht möglich, das eigene Board bei einem Waschgang festzuhalten, aber gerade bei einem „Duckdive" sollte man das Board nicht einfach loslassen, besonders wenn andere Surfer um einen herum sind. Herrenlose Boards werden zu einer gefährlichen Waffe und haben schon für schlimme Verletzungen gesorgt.

HAIE

Haie sind in manchen Regionen wie Südafrika, Réunion, Florida, Nord-Kalifornien oder Australien immer wieder ein Thema. Zum Sonnenauf- und -untergang sind Haie am aktivsten. Doch in der Regel ist diese Gefahr eine recht überschaubare. Laut Statistiken sterben im Jahr durchschnittlich sechs Menschen durch Haiangriffe, 350 Menschen durch Skorpione, 9.000 Menschen durch Schlangenbisse und 94.000 Menschen durch Mücken...

SONNENBRAND

Eine definitiv nicht zu unterschätzende Gefahr ist die Sonne. Schon viele Surfer sind mit dicken Brandblasen am Morgen nach einer perfekten Session aufgewacht und mussten ins Krankenhaus. Auf dem Wasser wirken die UV-Strahlen besonders stark und durch die Kälte des Wassers unterschätzt man oft die Kraft der Sonne. Also immer ordentlich eincremen und T-Shirts oder Rashguards tragen, Ohren und Augenlider beim Eincremen nicht vergessen!

ÜBERSCHÄTZUNG

Hauptgrund für wirklich schlimme Verletzungen und Tod durch Ertrinken ist die eigene Selbstüberschätzung. Wellen sehen von Land in der Regel immer kleiner aus als vom Wasser. Daher ist es wichtig, wenn man sich nicht sicher ist, ob es groß draußen ist, immer einmal einen Local zu befragen bzw. mindestens einmal abzuwarten, bis ein anderer Surfer eine Welle genommen hat. Denn mit einem Menschen in der Welle bekommt man ein gutes Gefühl für die echte Größe. Auch der eigene Krafthaushalt sollte immer im Auge behalten werden. Merkt man, dass einem nach der fünften Welle die Power ausgeht, ist es Zeit, den Rückweg anzutreten. Strömungen machen einem den Weg zurück an Land oft schwerer, als man denkt. Man sollte also immer etwas Paddel-Power in Reserve haben.

REGELN

Wie überall im Leben gibt es sogar im Wellenreiten Regeln. Hier folgt eine Auflistung der wichtigsten Punkte.

VORFAHRT

Die wichtigste Regel im Surfen ist die Vorfahrtsregel: Vorfahrt hat derjenige Surfer, der seinen Takeoff am nächsten zum brechenden Teil der Welle macht! Sprich, paddelst du eine Welle an und die Welle bricht zum Beispiel links neben dir, dann ist es deine Welle, solange zwischen dir und dem brechenden Teil kein anderer Surfer ist. Falls da aber einer genauso wie du am Paddeln ist, dann zieh zurück und überlasse ihm/ihr die Welle! Wenn du sie trotzdem nimmst, droppst du ihm/ihr rein und du begehst den schlimmsten Regelbruch im Wellenreiten!
Eine Ausnahme gibt es aber: Offiziell gehört dem die Welle, der als Erstes auf der Welle steht (was in der Regel der ist, der auch am steilsten Teil der Welle paddelt). Longboarder und SUPler bekommen Wellen aber viel früher als Shortboarder, daher geht die Vorfahrt dann manchmal an sie.

RAUSPADDELN

Hat man eine Welle bis zum Strand gesurft, heißt es zurück in den Line-up mit dir, die nächste Welle wartet schon. Doch auch beim Rauspaddeln gibt es Regeln. Insbesondere an Beachbreaks gibt es selten wirklich definierte Channels, die einen sicher wieder zurück in den Line-up bringen. Das bedeutet, man muss durch die brechenden Wellen tauchen bzw. „duckdiven“. Die Regel hierbei besteht darin, nie einem surfenden Surfer im Weg herumzuliegen. Wenn eine Welle samt Surfer auf dich zurauscht, dann paddel auf den schon gebrochenen Teil der Welle zu und NICHT noch knapp vor dem Surfer über den ungebrochenen Teil. Denn sonst störst du den surfenden Surfer und im schlimmsten Fall rast der noch in dich hinein!

SELBSTBEHERRSCHUNG

Nach Monaten ohne Surf paddelt man endlich mal wieder in einen Line-up und die Wellen laufen perfekt. Hier die Selbstbeherrschung zu bewahren grenzt fast an Selbstgeißelung. Trotzdem sollte man nicht sofort an allen anderen vorbeipaddeln und sofort die erste Welle nehmen. Es gehört zum guten Ton, erst mal in den Line-up zu paddeln, sich schön hinten anzustellen und die ersten Sets an sich vorbeiziehen zu lassen. Alles andere sorgt für Unmut bei den lokalen Surfern, die wahrscheinlich schon lange darauf warten, endlich eine Welle zu bekommen.

EAT
SLEEP
SURF

KIMA SURF BALI

EQUIP-
MENT

Was braucht man alles zum Surfen? Welches Board ist das richtige für einen? Und warum sehen Surfbretter heute so aus, wie sie aussehen? Auf den folgenden Seiten lernst du alles zum Thema Equipment.

EVOLUTION DER SURFBOARDS

Welche Art von Boards gibt es und wie haben sich die Shapes über die Jahrzehnte entwickelt? Hier erfährst du es.

Bevor wir nach dem passenden Surfboard für dich suchen, schauen wir erst einmal zurück, worauf die Leute vor Jahrzehnten gesurft haben. Die Evolution der Surfboards hat elementare Schritte durchgemacht, die wir euch einmal kurz präsentieren wollen. So kannst du beim nächsten Small Talk am Strand mitreden und weißt, warum dein Surfboard heute so aussieht, wie es aussieht.

DIE ALTEN HAWAIIANER

In den Anfängen des Surfens standen die ersten hawaiianischen Könige auf zwei Arten von Surfboards. Dem „Olo“ (meist dem König bzw. Oberhaupt des Stamms vorbehalten) und dem „Alaia“, von den Bürgerlichen gesurft. Die Boards wurden aus dem Holz des Wiliwili, Ula-Baums und der Koa-Akazie gebaut. Je nach sozialem Stand waren die Boards zwischen zehn und 16 Fuß (ca. drei bis fünf Meter) lang.

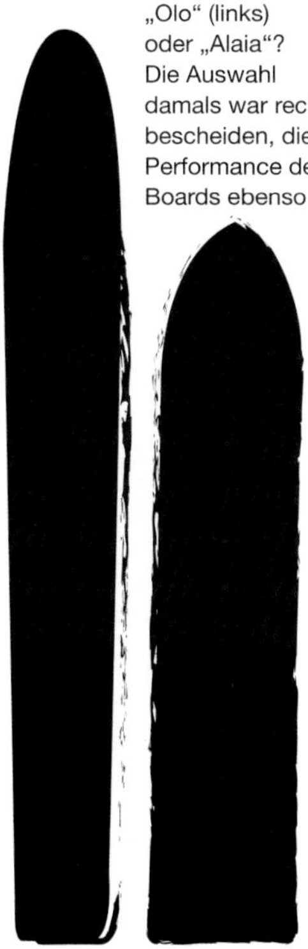

„Olo“ (links) oder „Alaia“? Die Auswahl damals war recht bescheiden, die Performance der Boards ebenso

BALSA-BOARDS

In den 1930er-Jahren wurde Balsaholz für Surfboards benutzt. Es war wesentlich leichter als die alten Boards. Anstatt um die 50 Kilo wogen die Balsa-Boards „nur“ noch knapp 20 Kilo. So eine Gewichtsreduzierung war ein großer Schritt, um die Boards manövrierfähiger zu gestalten. Der Amerikaner Tom Blake war einer der Ersten, die serienmäßig Surfbretter produzierten und Surfen in das 20. Jahrhundert holten. Er war es auch, der als Erster eine Finne an sein Surfboard steckte, um dem Brett mehr Führung zu geben.

Dank Balsaholz wurden die Boards manövrierfähiger

FIBERGLAS-BOARDS

Nach dem Zweiten Weltkrieg standen den Surfboard-Shapern neue Materialien und Techniken zur Verfügung. Fiberglas und Plastik bzw. Styropor boten sich als ideale Rohstoffe zum Bau von Brettern an. Das erste Fiberglas-Board baute schließlich Pete Peterson Mitte der 40er und der Kalifornier Bob Simmons perfektionierte die Bauweise Ende der 40er. Die Boards waren aber noch immer zwischen neun und elf Fuß lang (drei bis vier Meter), weit entfernt von den Shortboards der heutigen Zeit.

Fiberglas war nach dem Zweiten Weltkrieg der ideale Rohstoff

BIG-WAVE-BOARDS

Mitte der 50er-Jahre wurde Big-Wave-Surfen vor Hawaii populär. George Downing war einer der Vorreiter und erfand für die großen Wellen eine neue Boardform. Er shapte ein langes, aber schmales Surfbrett, um einfacher in den Line-up zu gelangen und das Board in den großen Wellen besser kontrollieren zu können. Man nannte es Gun, da man damit auf die Big-Wave-Jagd ging. Die Gun ist auch heute noch das Board der Wahl für große Wellen und ist in der Regel zwischen neun und zwölf Fuß lang.

Die perfekte Waffe für die Big-Wave-Jagd

DIE SHORTBOARD-REVOLUTION

In den späten 1960er-Jahren entwickelte sich schließlich das Shortboard. Von durchschnittlich zehn Fuß schrumpfte das Surfboard auf sechs Fuß. Die Konsequenz: Die Bretter wurden nochmals leichter und viel einfacher zu manövrieren. Radikale Turns und tiefe Barrel-Rides waren nun möglich. Die Art zu surfen änderte sich dadurch fundamental! Shaper wie der Kalifornier Dick Brewer trieben die Evolution maßgeblich voran. Auch das Finnen-Set-up änderte sich dank Simon Anderson mit seinem Drei-Finnen-Set-up, „Thruster" genannt. Moderne Shortboards besitzen seitdem drei oder vier Finnen.

Das Shortboard, heute nicht mehr wegzudenken

HEUTE

Heute gibt es für jede Art von Welle das perfekte Board: vom Shortboard über das Fish-Board, das Longboard, die Gun und das Tow-in-Board bis zum Mini-Malibu, Funboard, Mini-Simmons etc. Fiberglas und Schaumstoff bilden nach wie vor bei den meisten Brettern die Grundlage, aber mehr und mehr Shaper versuchen, mit ökologisch vertretbareren Materialien zu arbeiten.

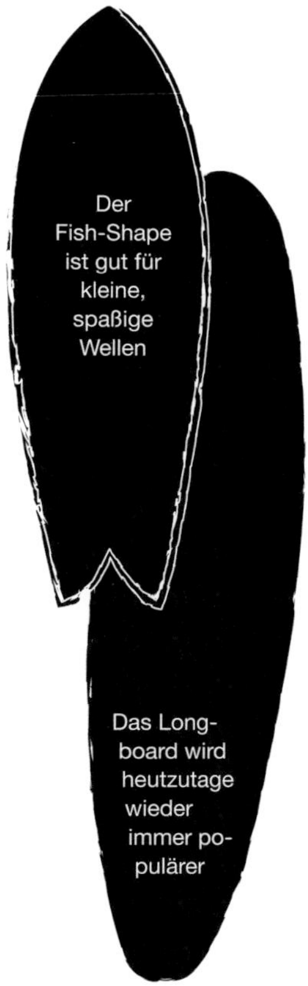

Der Fish-Shape ist gut für kleine, spaßige Wellen

Das Longboard wird heutzutage wieder immer populärer

Dieses Surfboard wurde für die bis zu 20 Meter hohen Wellen von Waimea gebaut. Dank der Länge des Boards bekommt man die extrem schnellen Wellen leichter

DAS PERFEKTE SURFBOARD

Die besten Shaper der Welt geben dir Tipps für den Kauf deines nächstes Surfboards.

Das perfekte Surfboard zu finden ist fast unmöglich. Selbst Profis sitzen oft monatelang mit ihren Shapern in den Werkstätten zusammen, um über Rocker-Line, Finnen-Settings, Volumenverteilung etc. zu diskutieren. Für einen Anfänger oder Intermediate Surfer ist es relativ egal, ob das Board einen Fuß länger oder einen Inch (Zoll) breiter ist, aber auf ein paar Dinge ist trotzdem zu achten. Und damit es dir so leicht wie möglich gemacht wird, haben wir den besten Shapern der Erde sowie einigen deutschen Shapern folgende Frage gestellt: „Welches Surfboard empfiehlst du einem deutschen Surfer, der ein-, zweimal im Jahr zum Surfen kommt und seinen Urlaub jedes Mal an einem anderen Spot verbringt?" Hier die Antworten:

> **„STELL DICH HIN UND STRECKE DEINEN ARM NACH OBEN: SO LANG SOLLTE DAS BRETT GROB SEIN."**
>
> *Deus Ex Machina*

ALMOND SURFBOARDS

„Wir haben ein Squaretail-Longboard namens ‚The Lumberjack' im Sortiment, das super in Beachbreaks funktioniert bzw. so gut wie in jeder Welle, besonders wenn es etwas kleiner ist. In Bezug auf ein gutes Reise-Board würde ich das ‚Almond Joy' empfehlen. Es ist ein sieben bis acht Fuß langes Pintail, das sehr wendig ist. Es ist super für kleinere Wellen und sehr ‚loose' im Tail. Und wenn die Wellen größer werden, kommst du mit dem Board supereinfach in die Welle. Da es nicht so lang ist wie ein Longboard, ist das Reisen natürlich einfacher."

Diese „Blanks“ warten noch auf die Kundenwünsche

DEUS EX MACHINA

„Es kommt auf das Level des Surfers an. Wenn er Anfänger oder ein bisschen drüber hinaus ist, würde ich ein Mini-Malibu empfehlen. Stell dich hin und strecke deinen Arm nach oben: So lang sollte das Brett grob sein. Lass es dir so breit wie möglich shapen. Je breiter das Board, desto stabiler liegt es im Wasser und mehr Fehler verzeiht es. Man fällt schließlich recht selten über die Nose oder das Tail vom Brett, meistens über die Seite. Zu lange Bretter lassen sich schwer handeln und du wirst dich damit unwohl fühlen und beim Rauspaddeln durch das Weißwasser Probleme bekommen. Zu kurz ist ebenfalls sehr frustrierend am Anfang.“

DICK BREWER SURFBOARDS

„Hm, ein 7’6”er wäre ein gutes Allrounder-Ich-surfe-jeden-Tag-in-allen-Bedingungen-Board. So ein Board kann man von zwei bis acht Fuß, egal ob bumpy, windig, klein oder groß, surfen. Eins mit rundem Tail und einem Fünf-Finnen-Set-up, das du als Quad oder als Thruster surfen kannst. Für den Durchschnittstypen sollte es etwa 19 1/2 Zoll (ca. 50 cm) breit sein.“

DOLLARBOARDS

„Das kommt natürlich ganz auf das Können, die Größe, das Gewicht und den Fitness-Zustand des jeweiligen Surfers an. Die meisten Kunden wissen genau, welches Board sie benötigen. Allerdings ist es auch oft so, dass gerade in einem persönlichen Gespräch neue Ideen entstehen und somit das Board noch individueller gestaltet werden kann. Um eine Richtung vorzugeben, würde ich einem durchschnittlichen Surfer mit durchschnittlicher Fitness, der unterschiedliche Wellen surft, einen individuell angepassten Hybrid- oder Fish-Shape empfehlen.

Wir von Dollarboards beraten natürlich gerne und finden gemeinsam das maßgeschneiderte Board."

FCD SURFBOARDS
„Wahrscheinlich unser ‚Huevo Ranchero'. Es ist ein Egg-Shape, der recht einfach zu turnen, dennoch easy zu paddeln ist."

JOURNEY SURFBOARDS
„Ein Bodyboard... Nein, ein 6'8"er- oder 7'0"er-Egg-Shape wäre, glaub ich, das Beste. Schön rund, Singlefin-Box – damit kannst du als Anfänger und als Profi so ziemlich alles an Wellen surfen. Und solch ein Teil macht echt tierisch Bock!"

LOST... SURFBOARDS
„Das ist nicht wirklich mein Geschäft. Ich würde sagen, sie sollten sich ein Board in einem guten Surfshop oder einer Surfschule mieten, wenn sie wirklich nur ein-, zweimal im Jahr zum Surfen kommen."

MOOR SURFBOARDS
„Wir würden dem Käufer des ‚Wellenreit-Guide' ein Quiver von drei Boards, je nach Bedingungen, vorschlagen. Sollte es aber nur ein Board sein, dann unser ‚Super 8': ein perfektes Allround-Board, das in so gut wie allen Bedingungen von klein bis groß gesurft werden kann."

NEXO SURFBOARDS
„Das ‚NX01'-Nexo-Shortboard oder für den typisch deutschen blonden, blauäugigen Surf-Riesen den ‚Albatros', eine längere Version des ‚NX01'. Unter den Fish-Shapes bei uns sind eigentlich alle Modelle interessant, vor allem aber vielleicht der ‚345'-Fish. Man hat die Möglichkeit, ihn auch mit mehr als drei Finnen zu probieren, sprich als Quad. Außerdem ist das ‚Kiwi' ein Funboard, wie es im Buche steht: ein witziges, smoothes Brett für Einsteiger bis Pros, die relaxt surfen und einfach Spaß haben wollen."

Der Deus-Ex-Machina-Shaper Chris Garrett bei der Arbeit

Um das perfekte Surfboard zu shapen, braucht es viel Erfahrung vom Shaper und eine möglichst genaue Ansage vom Kunden

NORTH SHORE SURFBOARDS

„Sebastiano, ein sehr guter italienischer Surfer, hat ein paar Mal Custom-Boards bei mir geordert und hatte sehr genaue Vorstellungen, wie sie auch bei schlappen Wellen und in kleineren Beachbreaks gut funktionieren sollten. Die Boards waren letztlich so gut, dass sie nun unser meistverkauftes Surfboard-Design sind. Wir bauen diese Boards in den Größen 5'6" bis 7'5". Die ‚Sebastianos' sind die besten Allround-Shapes und einfach zu surfen."

PT SURFBOARDS

„Solch eine allgemeine Frage lässt sich nur schwer beantworten. Die Standardantwort vieler Verkäufer ist bei so etwas meistens: ‚Fish oder Mini-Malibu – breiter, dicker und länger eben. Damit bekommt man immer 'ne Welle.' Es kommt immer auf die Skills an, aber ich vertrete die Meinung, dass viele Deutsche zu große Boards surfen, die viel zu schwer drehen, und sie sich so den Spaß am Surfen kaputt machen. Oder andererseits sehen sie Pros auf dünnen Sticks und denken: ‚So was brauch ich auch.' Als Shaper sehe ich mich meist mit zwei Erwartungen konfrontiert. Die einen suchen ein Surfboard, mit dem sie leicht in den Line-up kommen und trotzdem viele Wellen anstarten können, die anderen wollen einen Allrounder, der sowohl in drei Fuß Onshore als auch in sieben Fuß Offshore funktioniert. Bisher konnte ich durch persönlichen Kontakt mit dem Kunden für seine jeweiligen Anforderungen noch immer eine Lösung finden: entweder ein Board von unseren Standard-Shapes oder wir haben gemeinsam einen Custom-Shape entwickelt. Besonders das Können spielt eine entscheidende Rolle und gibt zusammen mit der Fitness die Richtung vor. Bevor man sich allerdings nach einem Surfboard umschaut, sollte man sich fragen, auf was für einem Board man im letzten Urlaub am meisten Spaß hatte und welche Zielsetzung man hat. Und vor allem sollte man seine Skills ehrlich bewerten."

RAKE SURFBOARDS

„Auf jeden Fall ein Mini-Simmons: Es liegt sehr stabil im Wasser, ist einfach zu paddeln, superschnell und es ist leicht, damit Wellen zu bekommen! Das beste Board, das ich je gesurft habe!"

ROBERTS SURFBOARDS

„Wenn sie schon wissen, wie Surfen funktioniert, also auf einem Intermediate-Level sind, würde ich ihnen einen großen ‚White Diamond' oder einen meiner ‚Diamond Fishes' als 6'6" empfehlen – etwas, das viel Auftrieb hat und leicht zu paddeln ist. Wenn die Person sportlich ist, könnte sie auch gut einen 6'2" ‚Diamond

Jürgen Hönscheid und seine Tochter Janni in ihrer Werkstatt von North Shore Surfboards auf Fuerteventura

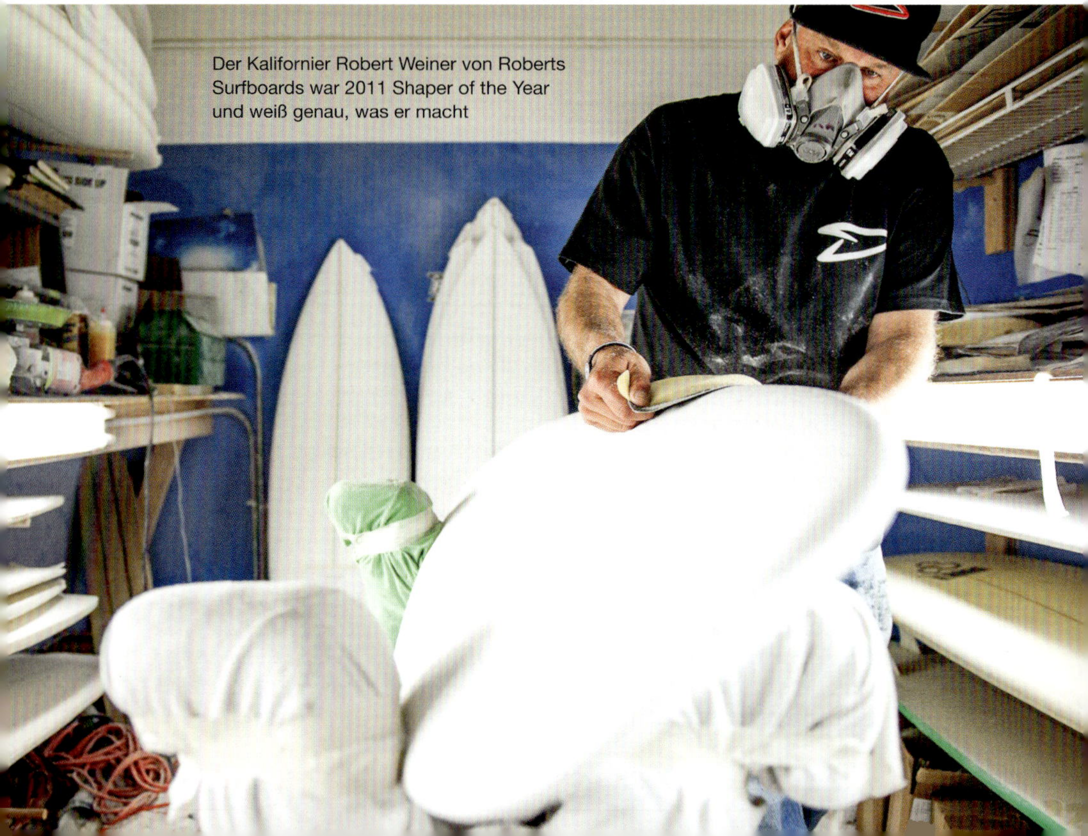

Der Kalifornier Robert Weiner von Roberts Surfboards war 2011 Shaper of the Year und weiß genau, was er macht

Fish‘ surfen. Ich selbst bin 1,92 Meter und wiege 102 Kilogramm und mein 6’0” ‚Diamond Fish‘ trägt mich. Wenn er also eher durchschnittlich surft, ist ein 6’2” gut, das Brett ist immer noch stabil genug.“

SCHAPER SURFBOARDS

„Ein kompletter Anfänger kann mit einem 9’ x 23” x 3” Longboard nichts falsch machen. Allen anderen, die nicht regelmäßig surfen gehen und nicht wirklich oft Zugang zu guten Wellen haben, empfehle ich einen 7’6” Fun-Shape. Wenn du das Volumen des Boards noch an das Gewicht und die Könnensstufe anpasst, funktioniert der Shape bei fast jeder Art von Welle. Mit solch einem Board hat man immer Spaß.“

TAZ SURFBOARDS

„Irgendetwas Einfaches und Spaßiges. Den größten Fehler, den ich immer wieder sehe, ist, dass Leute mit Boards rauspaddeln, die zu wenig Volumen haben. Dadurch haben sie Probleme, genügend Speed zu bekommen, und diese Boards verzeihen keine Fehler. Der Foam ist dein Freund! Je mehr Foam du in deinem Board hast, desto mehr Wellen wirst du bekommen und desto einfacher lassen sich die Boards surfen. Sobald du die Chance hast, öfter am Ozean sein zu können, solltest du darüber nachdenken, den Foam in deinem Board zu verringern.“

YELLOWFOOT SURFBOARDS

„Auf jeden Fall ein Brett mit genügend Auftrieb und in einer reisefreundlichen Länge. Lassen wir die unterschiedlichen Spots einmal außen vor: Am wichtigsten ist doch, dass das Brett auf die Körperstatur und das Level des Surfers abgestimmt ist. Viele surfen zu kleine Boards, haben eine nur geringe Wellenausbeute und machen dementsprechend langsam Fortschritte – insbesondere wenn man nur ein-, zweimal im Jahr untrainiert ins Wasser kommt. Da bietet sich zum Beispiel ein Balsa-Egg zwischen 6’1” und 6’4” mit viel Auftrieb an. Durch die Hohlkammer-Bauweise hat man per se ein schönes Volumen für einfaches An-/Paddeln unter der Brust, dank der runden Outline hat man gleichzeitig ein sehr drehfreudiges Brett. Ein Egg-Shape ist in unseren Augen bei den meisten Bedingungen auf jeden Fall eine gute Wahl als Allround-Brett.“

„DER FOAM IST DEIN FREUND! JE MEHR FOAM DU IN DEINEM BOARD HAST, DESTO MEHR WELLEN WIRST DU BEKOMMEN.“

Taz Surfboards

WAS BRAUCHE ICH NOCH?

Zum Surfen braucht es nicht viel an Equipment. Einiges solltest du dir aber doch anschaffen.

Foto: c-skins.com

Okay, das passende Surfboard haben wir dank der Empfehlungen der Shaper auf den letzten Seiten gefunden. Nun hätten wir noch die Frage nach dem passendem Neoprenanzug zu klären. Denn gerade in unseren Regionen wie auch im Rest von Europa kommt man allein mit Boardshorts nicht wirklich weit. Bei welcher Temperatur braucht es welche Neoprenstärke? Die kleine Übersicht rechts soll einen Richtwert gehen, wenn du dich zum Beispiel für einen Trip ins zwölf Grad kalte dänische Wasser entscheiden solltest. Die Tabelle ist ein grober Richtwert und variiert mit dem persönlichen Kälteempfinden und je nachdem, wie aktiv man auf dem Wasser ist.

NEOSTÄRKE (in mm)
NACH TEMPERATUR (in Grad Celsius)

24 – Grad = Boardshorts/Bikini 20 – 24 Grad = Shorti	24°
16 – 20 Grad = 3/2er 10 – 16 Grad = 4/3er (teils mit Booties)	20°
6 – 10 Grad = 5/4er mit Booties und je nach Empfinden Handschuhen & Haube	10°
– 6 Grad = 6/5er mit Booties, Handschuhen & Haube	0°
	-6°

WAS BRAUCHT MAN NOCH?
Leash, Finnen, Wachs, Boardbag und Footpad (zu bekommen im Surfshop)

EXILIM
RAUS INS ABENTEUER!
- mit der -
CASIO EXILIM EX-FR100
Ein völlig neues Kamera-Konzept von CASIO. Bei der EX-FR100 lassen sich Linseneinheit und Touchscreen-Controller im Handumdrehen trennen. Mounte die wasserfeste Linseneinheit ans Board oder schwimme mit der EX-FR100 ins Lineup. Die EX-FR100 ist wasserfest, ganz ohne Schutzgehäuse *. Mehr Infos: www.raus-ins-abenteuer.de
* SPRITZWASSERGESCHÜTZT – Zu IEC/JIS Class 8 (IPX8) (*c) und Class 6 (IPX6) äquivalenter Spritzwasserschutz. Erlaubt kontinuierliches Eintauchen in Wasser bis zu 1,5

36 SPOTS FÜR JEDES LEVEL

Nicht immer sind die Wellen aus den Surf-Videos die besten Surf-Spots für einen selbst. Pipeline, Teahupoo, Puerto Escondido sind spektakuläre Wellen, aber wir bezweifeln, dass es mehr als eine Handvoll an deutschen Surfern gibt, die diese Wellen surfen sollten (Thema Selbstüberschätzung)... Dieses Kapitel stellt euch daher 36 Spots vor, die jeden Geschmack treffen sollten: von entspannten Longboard-Wellen bis zu knallharten Reefbreaks. Damit ihr euren Urlaub passend buchen könnt, sind sie nach den Monaten sortiert, an denen sie am besten laufen. So wird garantiert jeder seine persönliche Lieblingswelle finden.

JANUAR

HAINAN, CHINA

Die Insel Hainan gilt als das Hawaii Chinas. Schon lange von reichen Chinesen als Urlaubsparadies entdeckt, entwickelt sich hier in den letzten Jahren eine immer größere Surf-Szene. Der Swatch Pro Contest hat die Riyou Bay in den Fokus internationaler Surfer gebracht. Die Points der Südküste sind meist noch menschenleer und die sanften Wellen ideal für Longboarder und Anfänger.

Beste Reisezeit: November bis Februar
Schwierigkeitsgrad: leicht
Wellenhöhe: meist nicht viel höher als kopfhoch
Info- oder Kontaktadresse: *www.surfinghainan.com*

WADI ADVENTURE PARK, VEREINIGTE ARABISCHE EMIRATE

Mitten in der Wüste der Arabischen Halbinsel liegt ein Wasserpark der Superlative. Ein gigantischer Wavepool produziert perfekte Wellen für jede Könnensstufe. Du entscheidest, ob du links- oder rechtsbrechende Wellen haben willst und wie groß sie sein sollen. Surfunterricht kann ebenso gebucht werden wie der Pool für die eigene Session.

Beste Reisezeit: das ganze Jahr
Schwierigkeitsgrad: du entscheidest über die Qualität der Welle
Wellenhöhe: bis gut über kopfhoch
Info- oder Kontaktadresse: *www.wadiadventure.ae*

JARDIM DO MAR, MADEIRA, PORTUGAL

Die Blumeninsel inmitten des rauen Atlantiks hat sich bei Big-Wave-Surfern einen Namen gemacht. Vor allem der Spot Jardim do Mar an der Südküste der Insel hat es Adrenalin-Junkies angetan und wurde einst beim amerikanischen „Surfer"-Magazin zum besten Big-Wave-Pointbreak der Welt gekürt. Erst ab einer Höhe von über zwei Metern denkt der Spot daran, Wellen gegen die Küste zu schleudern. Ab vier Metern läuft der Righthander dann in voller Blüte.

Beste Reisezeit: Herbst bis Frühling
Schwierigkeitsgrad: für Big-Wave-Surfer und Adrenalin-Junkies
Wellenhöhe: bis zehn Meter
Info- oder Kontaktadresse: *www.madeira-web.com*

FEBRUAR

Bono-Gezeitenwelle,
Sumatra, Indonesien

BONO-GEZEITENWELLE, SUMATRA, INDONESIEN

Dies ist die längste surfbare Welle der Welt (nach stehenden Wellen wie dem Eisbach). Vor einigen Jahren stellte der Engländer Steve King einen schwer zu schlagenden Rekord auf. Er surfte 20,65 Kilometer und über eine Stunde und vier Minuten auf der Gezeitenwelle quer durch den Dschungel Sumatras. Immer um Neumond herum drücken die Gezeiten eine bis zu 60 Kilometer lange Welle in den Fluss Kampar. Ein Naturschauspiel, das sich kein Surfer entgehen lassen sollte!

Beste Reisezeit: Wintermonate
Schwierigkeitsgrad: ungewohnt, aber leicht zu erlernen
Wellenhöhe: bis zu kopfhoch
Info- oder Kontaktadresse: *www.bonosurf.com*

CLOUDBREAK, FIDSCHI

Cloudbreak ist eine Weltklassewelle inmitten des Südpazifiks. Vor der Insel Tavarua donnert die „Left“ über ein vorgelagertes Riff. Wem nicht nach Action zumute ist, der kann es sich auf einer der exklusiven Strandliegen des Fünfsterne-Resorts gemütlich machen, dem die Welle einst gehörte: Nur Besucher des Resorts durften sie surfen. Dies ist aber inzwischen Vergangenheit – zur Freude der Surfer, die sich das Resort nicht leisten wollen oder können. Wellen sollen schließlich für alle da sein!

Beste Reisezeit: das ganze Jahr
Schwierigkeitsgrad: Intermediate und Pro
Wellenhöhe: bis zu zehn Meter
Info- oder Kontaktadresse: *www.tavarua.com*

SOUP BOWL, BARBADOS

Kelly Slater hat diese Welle mal als eine seiner drei All-time-Lieblingswellen bezeichnet. Seitdem ist sie in aller Munde. Der karibisch warme Atlantik scheppert hier auf eine flache Riffplatte und produziert Barrels, die nicht nur den elffachen Weltmeister begeistern. Aber auch wenn die Wellen klein sind, bricht hier oft eine saubere Welle, die dem Durchschnitts-Surfer Freude bereiten wird.

Beste Reisezeit: November bis April
Schwierigkeitsgrad: Intermediate bis Pro
Wellenhöhe: bis zu vier Meter
Info- oder Kontaktadresse: *www.surfing-barbados.com*

MÄRZ

Tofino, British Columbia, Kanada

TOFINO, BRITISH COLUMBIA, KANADA

Nichts für Warmduscher! In der atemraubenden Naturkulisse von Vancouver Island brechen an den Stränden in der Nähe des kleinen Örtchen Tofino Wellen in ebenso atemraubend kaltem Wasser. Jedoch schützt dickes Neopren ja vor Erfrierungen, weshalb sich hier im Westen Kanadas eine rege Surf-Szene entwickelt hat. Nach einer Session in den eisigen Fluten helfen nur noch ein Lagerfeuer an den wild-romantischen Stränden und ein ordentlicher Schluck Whiskey zum perfekten Surfer-Glück.

Beste Reisezeit: Herbst und Frühling
Schwierigkeitsgrad: kälteunempfindliche Durchschnitts-Surfer
Wellenhöhe: im Schnitt etwa ein bis zwei Meter
Info- oder Kontaktadresse: *www.tourismtofino.com*

JEFFREYS BAY, SÜDAFRIKA

Afrikas bekannteste Welle: Die endlose „Right" ist so facettenreich wie Afrika selbst – von Barrel Sections über weniger steile Walls, auf denen das komplette Trickarsenal abgefeuert werden kann. Einmal im Jahr stoppt hier die World Surfing League, um wichtige Punkte im Kampf um die Weltmeisterkrone zu vergeben.

Beste Reisezeit: März bis September
Schwierigkeitsgrad: Intermediate bis Pro
Wellenhöhe: bis vier Meter
Info- oder Kontaktadresse: *www.jeffreysbaytourism.org*

FERNANDO DE NORONHA, BRASILIEN

Die Insel Fernando de Noronha liegt circa 350 Kilometer vor der Küste Brasiliens mitten im Atlantik und ist vulkanischen Ursprungs. Seit einigen Jahren ist sie zu einem beliebten Ziel für Taucher und Surfer geworden. Besonders die Strände der Ostküste der Insel sind für Surfer interessant. Die Insel steigt steil aus dem sehr tiefen Meer auf und die Wellen knallen vor allem von Dezember bis März fast ungebremst auf die Strände.

Beste Reisezeit: Dezember bis März
Schwierigkeitsgrad: die kraftvollen Wellen werden Jungs von Männern unterscheiden
Wellenhöhe: von einem bis drei Meter
Info- oder Kontaktadresse: *www.fernando-de-noronha.info*

APRIL

LA PEPITA, MAR DEL PLATA, ARGENTINIEN

Auch wenn Argentinien nicht gerade als Surf-Nation bekannt ist, so lohnt es sich dennoch, das Surfboard ins Land der Gauchos mitzuschleppen. Der Ort Mar del Plata hat sich als Surf-Hauptstadt des Landes etabliert. Im Norden der Stadt wurden zum Küstenschutz Molen in das Meer gebaut. Diese halten nicht nur den Strand an Ort und Stelle, sondern bieten auch Schutz vor den oft starken Winden, die die Wellen sonst zerblasen würden.

Beste Reisezeit: März bis September
Schwierigkeitsgrad: für jedermann
Wellenhöhe: am besten bei einem halben bis drei Meter
Info- oder Kontaktadresse: *www.mardelplata.com*

CHICAMA, PERU

Im Norden Perus bricht bei Idealbedingungen die längste (Meer-)Welle der Welt. Bis zu vier Kilometer schält sie sich dann die karge Küste entlang. Surfer beklagen sich über brennende Oberschenkel und ein Dauergrinsen, das bis zu einer Woche anhalten kann. Das Wasser ist allerdings recht frisch in dieser Region und außer Surfen gibt es nicht viel zu tun. Also besser ein gutes Buch mitbringen, falls es mal flat sein sollte.

Beste Reisezeit: März bis November
Schwierigkeitsgrad: normalerweise für Durchschnitts-Surfer gut zu meistern
Wellenhöhe: ab kopfhoch läuft sie am besten
Info- oder Kontaktadresse: *www.chicamasurf.com*

TEAHUPOO, TAHITI, FRANZÖSISCH-POLYNESIEN

Einmal im Leben diese Welle in Perfektion surfen – ein Traum für viele Surfer. Vor der paradiesischen Kulisse Tahitis saugt diese Welle erst das komplette Riff trocken, um sich dann im hohen Bogen spektakulär zu überschlagen. Wie am Schnürchen gezogen läuft sie dann um eine messerscharfe Riffkante in die Lagune hinein. Hier heißt es: „Do or die!" Fehler bestraft sie mit Hautabschürfungen, Knochenbrüchen oder Schlimmerem. Die schönste Welle der Welt ist auch eine der gefährlichsten. Das Gute: Sie läuft selbst bei hüfthohen Bedingungen... vielleicht also doch mal mit dem Board anreisen?

Beste Reisezeit: April bis August
Schwierigkeitsgrad: nur was für Kamikaze-Surfer
Wellenhöhe: bis zu acht Meter
Info- oder Kontaktadresse: *www.airtahitinui.com*

Teahupoo, Tahiti,
Französisch-Polynesien

Waikiki, Oahu,
Hawaii

MAI

WAIKIKI, OAHU, HAWAII

Auch wenn die Hochhausschluchten von Honolulu und Waikiki nicht gerade das Paradies auf Erden vermitteln, das man vielleicht von Hawaii erwarten würde, sind die Surf-Spots vor der Skyline ein Traum für jeden Anfänger und Longboarder. In türkisfarbenem Wasser brechen seichte Wellen, die Ewigkeiten entlanggesurft werden können, während freundliche Locals die Besucher aus Übersee mit einem Lächeln begrüßen. Da fehlt nur noch ein Mai Tai zum Sonnenuntergang für das perfekte Glück.

Beste Reisezeit: das ganze Jahr
Schwierigkeitsgrad: ideal für Anfänger und Longboarder
Wellenhöhe: ein halber bis zwei Meter
Info- oder Kontaktadresse: *www.beachboyhale.com*

PUERTO ESCONDIDO, OAXACA, MEXIKO

Diese mexikanische Welle schlägt ein wie ein Fisch-Taco. Wer den Ritt durch die riesige braune Barrel überlebt hat, den lässt der Geschmack nicht mehr los und man will immer mehr. Wer jedoch danebengreift, den sch$#§t die Welle nach einem laaaangen Wipe-out unverdaut hinten wieder aus. Nicht schön...

Beste Reisezeit: März bis November
Schwierigkeitsgrad: Experts only
Wellenhöhe: bis zu zehn Meter
Info- oder Kontaktadresse: *www.puertoescondidoinfo.com*

MALIBU, KALIFORNIEN, USA

Die Geburtsstätte des Surfens in Kalifornien, hier wurden schon in den 50er- und 60er-Jahren die Boards gewachst. Heute ist Malibu ein Anlaufpunkt für die alternative Surf-Szene. Hauptsächlich Longboarder gleiten entlang der endlosen Rechtswellen. Am Strand ist die Atmosphäre extrem entspannt. Ab und an surft hier auch mal ein Hollywood-Star an einem vorbei. Durch die Nähe zur Millionenstadt Los Angeles ist es allerdings immer sehr voll im Wasser.

Beste Reisezeit: Dezember bis Mai
Schwierigkeitsgrad: einfach
Wellenhöhe: meist nicht höher als schulterhoch
Info- oder Kontaktadresse: *www.discoverlosangeles.com*

JUNI

EISBACH, MÜNCHEN, DEUTSCHLAND

Mitten im Herzen von München im Englischen Garten und unweit des „P1" bricht die bekannteste Welle Deutschlands. Der Eisbach produziert direkt an der Prinzregentenstraße eine stehende Welle, die die sehr aktive Fluss-Surf-Szene 24 Stunden am Tag für Turns 'n' Tricks in Beschlag genommen hat. Selbst nachts werden Lichter und Generatoren aufgefahren, um den Traum einer endlosen Welle zu leben.

Beste Reisezeit: 24/7, 365 Tage im Jahr
Schwierigkeitsgrad: Anfänger sollten sich an der ungefährlicheren Floßlände ausprobieren, bevor sie zum Eisbach kommen
Wellenhöhe: immer circa hüft- bis brusthoch
Info- oder Kontaktadresse: *www.visit-muenchen-bayern.de*

TORAMI, CHIBA, JAPAN
Moshy, moshy! Japans Gewässer leuchten nach dem Unglück in Fukushima nun zwar auch im Dunkeln, was die riesige Surf-Szene jedoch nicht davon abhält, die Weltklassewellen mit ihren Boards zu zerschlitzen. Die Präfektur Chiba ist bekannt für ihre kraftvollen Taifun-Swells und der Spot Torami zählt zu den besten des Landes. Bedenkt man, dass die Millionenstadt Tokio nur rund 100 Kilometer entfernt ist, so ist es hier dennoch verhältnismäßig leer im Wasser.

Beste Reisezeit: Juni bis Oktober
Schwierigkeitsgrad: von Anfänger bis Kamikaze-Surfer, je nach Größe der Welle
Wellenhöhe: bis zu drei, vier Meter
Info- oder Kontaktadresse: *www.surfinginjapan.com*

BLACK ROCK, BOCAS DEL TORO, PANAMA
1502 entdeckte Kolumbus die Inseln von Bocas del Toro im Nordosten Panamas. Heute sind sie ein Paradies für backpackende Surfer. Günstige Unterkünfte, relaxte Reggae-Atmosphäre und warmes Karibikwasser haben schon beim ein oder anderen aus einem einwöchigen Trip einen dreimonatigen Aufenthalt werden lassen. Wenn dann noch Wellen auf die Inseln treffen, kommt es einem wie aus der Pistole geschossen: „Oh, wie schön ist Panama!“

Beste Reisezeit: Januar bis März und Juni bis August
Schwierigkeitsgrad: moderat
Wellenhöhe: bis zwei Meter
Info- oder Kontaktadresse: *www.bocasdeltoro.com*

JULI

MOLIETS PLAGE, LES LANDES, FRANKREICH

Der Ort Moliets Plage besteht hauptsächlich aus einem großen Campingplatz am Rande einer großen Düne inmitten eines gigantischen Pinienwalds. Hinter der Düne liegt ein 100 Kilometer langer Strand mit unzähligen Sandbänken. Viele deutsche Surfcamps haben sich auf dem Campingplatz angesiedelt und bieten Surfkurse aller Art an. Wer das Surfen erlernen will, ist in Moliets goldrichtig.

Beste Reisezeit: Sommermonate
Schwierigkeitsgrad: ideal für Anfänger
Wellenhöhe: je nach Swell, von einem halben bis drei Meter
Info- oder Kontaktadresse: *www.puresurfcamps.com*

JAILS, NORD-MALE-ATOLL, MALEDIVEN

Kristallklares Wasser, paradiesische Inseln und perfekte Wellen: Die Malediven bieten das volle Paket. Der Surf-Spot Jails bricht vor der Gefängnisinsel im Nord-Male-Atoll. Eine schnelle „Left" und eine entspanntere „Right" drehen sich fast 90 Grad um das Inselriff. Nach erfolgreich gesurfter Welle zieht einen der Channel zurück an den Lineup. Nach der Session geht's zurück an Deck der gecharterten Yacht. Mehr geht nicht!

Beste Reisezeit: April bis Oktober
Schwierigkeitsgrad: Intermediate
Wellenhöhe: bis drei Meter
Info- oder Kontaktadresse: *www.surfatoll.com*

UNSTAD, LOFOTEN, NORWEGEN

Selbst an einem der entlegensten Orte der Erde wie den norwegischen Lofoten hat das Surfen Einzug gehalten. Eine abgehärtete Surf-Szene hat den Ort Unstad fest in der Hand. Vor der dramatischen Kulisse der steil ins Meer abfallenden schneebedeckten Berge muss man Surfen wirklich wollen. Belohnt wird man mit einem der konstantesten Spots in Nord-Europa. Wer auf der Durchreise ist und den Sport der Könige mal ausprobieren möchte, der kann es in der Unstad Arctic Surf School, dem nördlichsten Surfcamp der Welt, ausprobieren.

Beste Reisezeit: Sommer, da es im Winter meist dunkel und das Meer teils tiefgefroren ist
Schwierigkeitsgrad: für jeden, den Kälte kalt lässt
Wellenhöhe: bis zu zwei, drei Meter
Info- oder Kontaktadresse: *www.unstadarcticsurf.com*

Moliets Plage,
Les Landes,
Frankreich

Uluwatu, Bali, Indonesien

AUGUST

ULUWATU, BALI, INDONESIEN

Die Insel der Götter bekommt den Swell ab, den die „Roaring Forties" in der Antarktis produzieren. Nach Tausenden Kilometern treffen die Wellen auf den Spot Uluwatu im Süden Balis. Ein perfekt geformtes Riff gibt diesen Wellen den nötigen Schliff, um sie in den Augen von Surfern zu Diamanten werden zu lassen. Wellenhungrige aus der ganzen Welt pilgern teils ausschließlich wegen dieser kraftvollen linksbrechenden Welle nach Indonesien.

Beste Reisezeit: Sommermonate
Schwierigkeitsgrad: für bessere Intermediates und Pros
Wellenhöhe: bis zu fünf Meter
Info- oder Kontaktadresse: *www.kimasurf.com*

BELLS BEACH, AUSTRALIEN

Legendäre Welle im Süden Australiens – doch Haie, kaltes Wasser und eine Menge extrem guter Surfer machen einem das Leben schwer. Aber die Reise auf die andere Seite der Erde lohnt sich. Nach einem steilen Takeoff katapultiert einen diese Welle auf Warp-Geschwindigkeit. Anschließend bleibt genügend Zeit, um alle Tricks auf der extrem langen „Right" auszuprobieren. Ein Ritt, den man nie wieder vergessen wird.

Beste Reisezeit: das ganze Jahr
Schwierigkeitsgrad: Intermediate
Wellenhöhe: bis zu vier Meter
Info- oder Kontaktadresse: *www.visitgreatoceanroad.org.au*

THE PASS, BYRON BAY, AUSTRALIEN

Backpacker, Hippies und Surfer lieben dieses verschlafene Nest am östlichsten Punkt Australiens. Entsprechend lebhaft geht es dort sowohl in den vielen Pubs als auch im Wasser zu. The Pass liegt am Ende des Strandes und ist ein rechtsbrechender Point in türkisfarbenem Wasser. Es ist ein idealer Spot, um auf der Nose seines Longboards die Szenerie zu genießen. Doch sowohl die Menge an Leuten im Wasser wie eine starke Strömung verlangen einem einiges an Surf-Know-how ab.

Beste Reisezeit: April bis August
Schwierigkeitsgrad: nicht sonderlich schwer, aber man braucht Paddel-Power, um sich gegen die Crowd und die Strömung durchzusetzen
Wellenhöhe: bis kopfhoch
Info- oder Kontaktadresse: *www.byron-bay.com*

SEPTEMBER

Thurso,
Caithness,
Schottland

THAGAZOUT, MAROKKO

In den wilden 60er-Jahren ein Rückzugsort für Hippies und Aussteiger aus der ganzen Welt (Jimi Hendrix lebte eine Zeit lang in der Gegend), heute ein bekannter Anlaufpunkt für reisende Surfer. Die vielen Points der Umgebung lassen Surfer-Herzen höher schlagen. Besonders der Ort Thagazout bietet mit dem Spot Anchor Point die ideale Ausgangsbasis für surfende Afrika-Abenteurer.

Beste Reisezeit: Herbst und Frühjahr
Schwierigkeitsgrad: vom Anfänger bis zum Pro findet hier jeder seine Traumwelle
Wellenhöhe: von entspannten Longboard-Wellen bis Kamikaze-Shortboard-Brechern
Info- oder Kontaktadresse: *www.africaextrem.com*

SUPERTUBOS, PENICHE, PORTUGAL

Vor dem kleinen Fischerort Peniche laufen Wellen für jeden Geschmack und jede Könnensstufe. Surfschulen schicken im Sommer Tausende Surf-Novizen in die sanften Fluten, während im Herbst heftige Barrels die weltbesten Surfer beim Rip Curl Pro Contest herausfordern. Peniche ist zu jeder Jahreszeit gut, um dem heimischen Alltag für ein, zwei Wochen zu entkommen...

Beste Reisezeit: März bis November
Schwierigkeitsgrad: egal ob Anfänger oder Pro, jeder findet seine perfekte Welle
Wellenhöhe: von ganz klein bis riesig
Info- oder Kontaktadresse: *www.cm-peniche.pt*

THURSO, CAITHNESS, SCHOTTLAND

Zugegeben, vier Grad kaltes Wasser ist nicht gerade der Traum eines Surfers, aber dank der heutigen Neoprenanzüge ist auch das kein Grund mehr, die perfekten schottischen Wellen von Thurso auszulassen. O'Neill hat hier nicht umsonst jahrelang einen der wichtigsten Surf-Events der Welt, die Cold Water Classics, ausgetragen. Langsam wächst die Zahl der Traveller, die in der kräftigen, aus dem Nordatlantik kommenden Brandung surfen wollen. Doch noch kann man perfekte Wellen fast ganz allein surfen.

Beste Reisezeit: August bis März
Schwierigkeitsgrad: Intermediate bis Pro
Wellenhöhe: gut kopfhoch
Info- oder Kontaktadresse: *www.thursosurf.com*

OKTOBER

KLITMØLLER, DÄNEMARK

Man nennt den verschlafenen Fischerort Klitmøller im Nordwesten Dänemarks auch das Hawaii des Nordens. Obwohl der Ort rund 450 Kilometer von Hamburg entfernt liegt, spricht man im Line-up hauptsächlich Deutsch. Es ist einer der beliebtesten Wellenreitreviere der deutschen Szene. Nach einer eisigen Session über dem legendären Muschelriff finden erschöpfte Surfer Stärkung in Form von roten Hotdog-Würstchen, Pølser genannt.

Beste Reisezeit: Oktober bis März
Schwierigkeitsgrad: hier selektiert die Kälte den Surfer
Wellenhöhe: an klassischen Tagen schulter- bis kopfhoch
Info- oder Kontaktadresse: *www.klitmoeller.dk*

BEACH BOX, SYLT, DEUTSCHLAND

Zwischen Kaviar und Champagner ein bisschen surfen gehen? Vor Westerland gar kein Problem. Die Nordsee produziert hier öfter surfbare Wellen, als man denkt. Man braucht nur einen dicken Neoprenanzug und einen Porsche, in den auch das Shortboard passt, und los geht das Abenteuer Nordsee-Surfen. Übrigens: Sylt ist die Geburtsstätte des Surfens in Deutschland. Schon in den 50ern surften hier die ersten Rettungsschwimmer.

Beste Reisezeit: von Herbst bis Frühjahr kurz nach heftigen auflandigen Stürmen
Schwierigkeitsgrad: ein schneller Takeoff muss bei den steilen und schnellen Wellen sitzen
Wellenhöhe: bis zwei Meter
Info- oder Kontaktadresse: *www.surfclubsylt.de*

LONG BEACH, NEW YORK, USA

Wer Big-City-Life mit perfekten Wellen vereinen will, ist in New York gut aufgehoben. Vor den Toren der Metropole liegt Long Island, vor dessen Stränden teils Weltklasse-Beachbreak-Wellen brechen. Die Surf-Firma Quiksilver hat dort 2011 einen Contest mit 300.000 US-Dollar für den Gewinner veranstaltet: das höchste Preisgeld, das jemals für einen einzelnen Surf-Event ausgeschüttet wurde. Geld wird es für deine Session in den Atlantikwellen wahrscheinlich keines geben, dafür aber gute Laune nach ein paar knackigen Atlantik-Barrels.

Beste Reisezeit: September bis März
Schwierigkeitsgrad: jedes Surf-Level kommt hier auf seine Kosten
Wellenhöhe: bis drei Meter
Info- oder Kontaktadresse: *www.seventhwavesurfshop.com*

NOVEMBER

LOS LOBOS, FUERTEVENTURA, SPANIEN

Lange Jahre ein Secret-Spot, der nur von wenigen Glücklichen gesurft wurde. Jürgen Hönscheid, deutsche Windsurf-Legende, war einer der Entdecker des Spots vor der kleinen unbewohnten Insel im Norden Fuerteventuras. Wenn der Swell aus Nordwest kommt, können bis zu 500 Meter lange Wellen entstehen. Und dank günstiger Flüge und Unterkünfte auf Fuerte ist diese Traumwelle für jeden deutschen Surfer relativ einfach zu erreichen. Ausgangsort für eine Los-Lobos-Session ist Corralejo.

Beste Reisezeit: Oktober bis März
Schwierigkeitsgrad: Durchschnitt
Wellenhöhe: bis drei Meter
Info- oder Kontaktadresse: *www.northshore-fuerteventura.com*

MUNDAKA, BISKAYA, SPANIEN

Fährt man an einem schönen, sonnigen Tag auf das Städtchen Mundaka im Baskenland zu, könnte es passieren, dass einen der majestätische Anblick vergessen lässt, wofür man als Surfer eigentlich gekommen ist. Die wunderschönen Kirchtürme, die pittoresken Häuser auf den Klippen, im Hintergrund die Insel – das alles sieht besser aus als St. Tropez in den 50ern! Steht man dann über dem kleinen Hafen, drängt sich die Hauptattraktion schnell wieder ins Bewusstsein: Dunkelblaue Wasserwände schälen sich bei Ebbe über eine endlos lange Sandbank, die der Fluss Gernika nährt. Ist die Brandung höher als vier Meter, beginnt der Traum eines jeden Profi-Surfers: Die Welle fängt an, sich zu überschlagen, und man kann bis zu zwölf Sekunden hinter dem Wasservorhang verschwinden.

Beste Reisezeit: September bis März
Schwierigkeitsgrad: Profis und paddelstarke Ausdauersportler
Wellenhöhe: an großen Tagen gut vier Meter
Info- oder Kontaktadresse: *www.mundakasurfshop.com*

STEAMER LANE, KALIFORNIEN, USA

Vor den Toren von Santa Cruz bricht der Spot Steamer Lane. Eine schier endlos brechende Rechtswelle, die mit fast jeder Swell-Größe umgehen kann. Der Spot ist ein wahrer Wellenmagnet, was dazu führt, dass es meist recht hektisch im Wasser zugeht. Und die Locals sind hier mit Vorsicht zu genießen. Wer die Regeln des Line-ups ignoriert, wird dies schnell und heftig zu spüren bekommen. Neben bissigen Locals sind dort auch große Weiße Haie zu Hause. Die Welle ist aber so gut, dass sich ein Abstecher dennoch lohnt!

Beste Reisezeit: Oktober bis April
Schwierigkeitsgrad: moderat
Wellenhöhe: ein halber bis sechs Meter
Info- oder Kontaktadresse: *www.santacruzca.org*

DEZEMBER

PIPELINE, OAHU, HAWAII

Diese Welle ist das Mekka aller Wellenreiter. Wer sie meistert, gehört zu den besten Surfern der Erde. Doch die Welle hat es in sich. Brutale Wassermassen stürzen über die Surfer hinein und pressen sie auf ein Knochen brechendes Riff. Die Lifeguards haben alle Hände voll zu tun, Surfer aus der Gefahrenzone zu angeln. Jedes Jahr im Dezember finden dort die Billabong Pipe Masters statt, das Finale der World Tour.

Beste Reisezeit: November bis März
Schwierigkeitsgrad: nur was für die besten Surfer der Welt
Wellenhöhe: bis zu sieben, acht Meter
Info- oder Kontaktadresse: *www.turtlebayresort.com*

JAWS, MAUI, HAWAII

Groß, größer, Jaws. An diesem berühmten Big-Wave-Spot brechen bis zu 30 Meter hohe Wasserberge über todesmutigen Surfern zusammen. Wenn Jaws seine Zähne zeigt, ziehen sich die Adrenalin-Junkies per Jetski in die Welle, um dann mit bis zu 70 km/h die gewaltigen Wasserwände runterzurasen. Zuschauer können von der sicheren Klippe aus das Spektakel beobachten.

Beste Reisezeit: November bis März
Schwierigkeitsgrad: Todesmutige voran!
Wellenhöhe: bis zu 30 Meter
Info- oder Kontaktadresse: *www.thebigwaveblog.com*

STRANDHILL, COUNTY SLIGO, IRLAND

Auch wenn das Wetter im Winter auf Irland meist recht ungemütlich wird, eisig kalt wird es dank des Golfstroms selten. Der kleine Ort Strandhill erwärmt das Herz dafür umso mehr, wenn der perfekte Beachbreak, unterbrochen durch eine ideal geformte Riffplatte, am Feuern ist. Wer sich in den spaßigen Wellen ausgetobt hat, wird in den netten Strandrestaurants und Pubs schnell Stärkung finden für die nächste Session.

Beste Reisezeit: September bis April
Schwierigskeitsgrad: vom Anfänger bis zum Pro
Wellenhöhe: bis drei Meter
Info- oder Kontaktadresse: *www.gostrandhill.com*

Pipeline,
Oahu, Hawaii

SURF-CAMPS

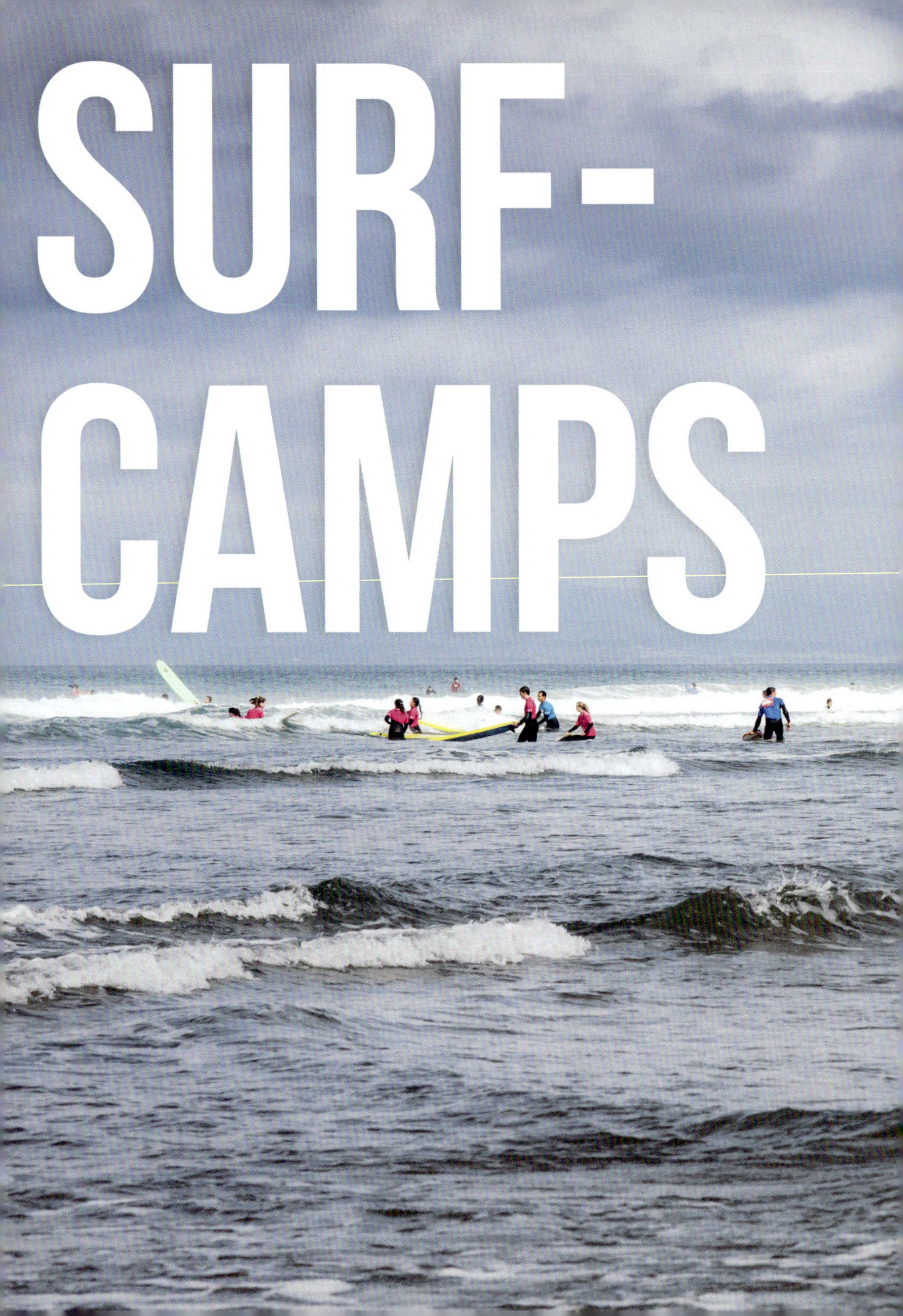

Nirgends lernt man das Surfen schneller, einfacher und sicherer als in einem Surfcamp. In der Regel helfen einem ausgebildete Surflehrer in einem Surfcamp bei den ersten Schritten und, am wichtigsten, erklären einem, was man alles falsch macht. Surfen kann man sich definitiv selbst beibringen: Man paddelt raus, paddelt eine Welle an, steht auf, fertig. Doch die Fehler, die sich dabei einschleichen, werden einen eine lange Zeit begleiten und es einem später doppelt und dreifach schwer machen, besser zu werden. Daher: Solltest du planen, in nächster Zeit aktiv aufs Wasser zu kommen, ist der Aufenthalt in einem der folgenden Surfcamps zu empfehlen. Die Auswahl vorwiegend europäischer Camps sollte für jeden unter euch, egal ob budgetorientiert, Luxus gewöhnt, Stadtmensch oder Einsiedler, das persönliche Camp bereithalten.

WESTKÜSTE IRLANDS

FÜR HARTGESOTTENE

Der Atlantik vor Irlands Küsten ist rau und kalt. Dennoch lieben Surfer die oft perfekten Wellen vor der grünen Insel. Auch Anfänger finden dank entsprechend dicker Neoprenanzüge ihr Glück in Neptuns Kühlschrank. Das Endo Surfcamp beispielsweise bietet kälteunempfindlichen Surf-Novizen Surfunterricht an der Westküste an.

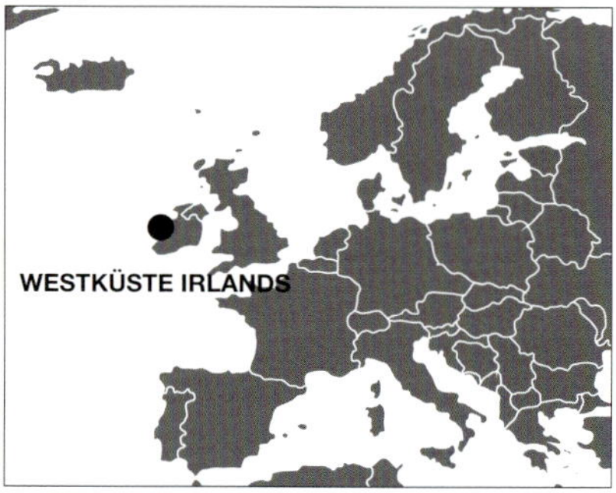

ENDO SURFCAMP
Kosten: ab 360 Euro inkl. Vollpension
Unterkunft: die Unterbringung erfolgt im Doppel- oder Mehrbettzimmer, alle Räume sind beheizt und verfügen über ein eigenes Waschbecken, im Kamin- und Esszimmer kann man den Ausblick genießen
Kontaktadresse: *www.endosurf.com*

MOLIETS PLAGE, LES LANDES, FRANKREICH

FÜR DIE JUNGEN WILDEN

Moliets Plage an der französischen Atlantikküste bietet ein perfektes Set-up für Anfänger. Auf einem riesigen Campingplatz tummeln sich in den Sommermonaten Hunderte von Jugendlichen, die alle vor dem endlosen Sandstrand von Les Landes das Surfen lernen wollen. Aber nach der Surf-Session ist noch lange nicht Feierabend: Gefeiert wird hier gern bis in den Morgen hinein.

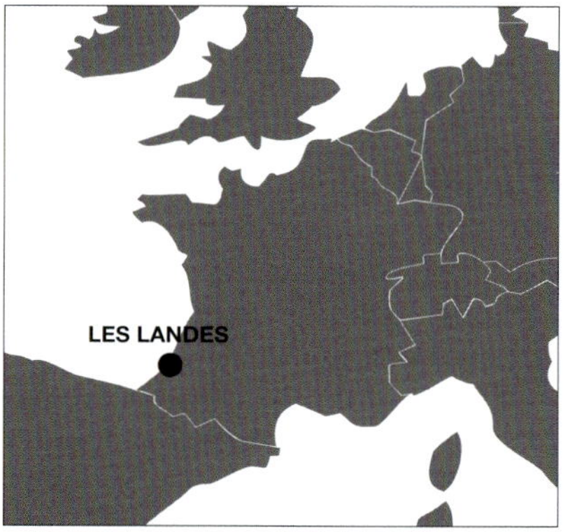

PURE SURFCAMP
Kosten: ab 149 Euro pro Woche inkl. Frühstück, Lunchpaket und Abendessen, Pure Welcome Package und Betreuung durch das Pure Surfcamp Team
Unterkunft: verschiedene Unterkünfte wie Holzbungalows, Sheddies (2er-Holzkabinen mit Doppelbett), Mobile-Homes, 2er-Komfortzelte oder Iglu-Zelte zwischen Pinien
Kontaktadresse: *www.puresurfcamps.com*

CARCANS, AQUITANIEN, FRANKREICH

LADIES ONLY

Wer keine Lust hat, seiner Freundin das Surfen selbst beizubringen, der schickt sie am besten in ein „Girls only"-Surfcamp. An der französischen Atlantikküste betreiben die Wavesisters ein von und für Frauen geführtes Camp, sodass Testosteron ausgeschlossen ist. So braucht er sich dann auch keine Sorgen zu machen, dass sie sich in einen knackigen Surflehrer verliebt...

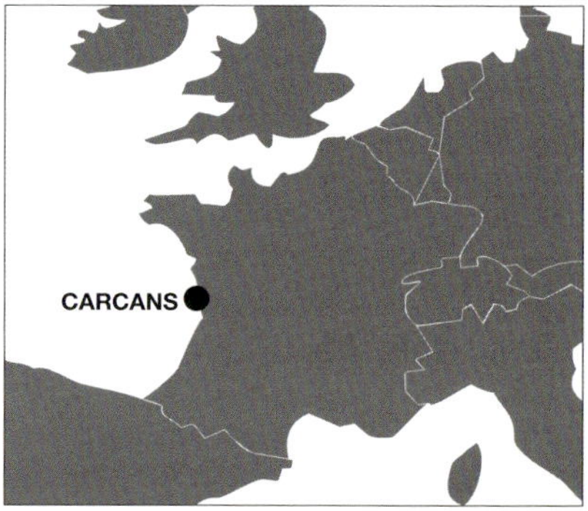

WAVESISTERS SURFCAMP

Kosten: 275 bis 385 Euro inkl. Surfari, 7 Nächte im Doppelzimmer, Surf-Material und Spot-Einweisung, dreimal 1,5 Stunden Yoga, gegebenenfalls Transfer
Unterkunft: Frau teilt sich eine geschmackvoll eingerichtete Unterkunft
Kontaktadresse: *www.wavesisters.com*

TAPIA, ASTURIEN, SPANIEN

FÜR NATURLIEBHABER

Gestresste Großstädter werden das Camino-Camp imitten der unberührten Natur Asturiens lieben. Ein breites Angebot an Unterkünften wird jedem Anspruch gerecht und lizensierte Surflehrer nehmen sich für jeden einzelnen Gast genügend Zeit, um ihnen schnell Fortschritte auf dem Wasser zu ermöglichen.

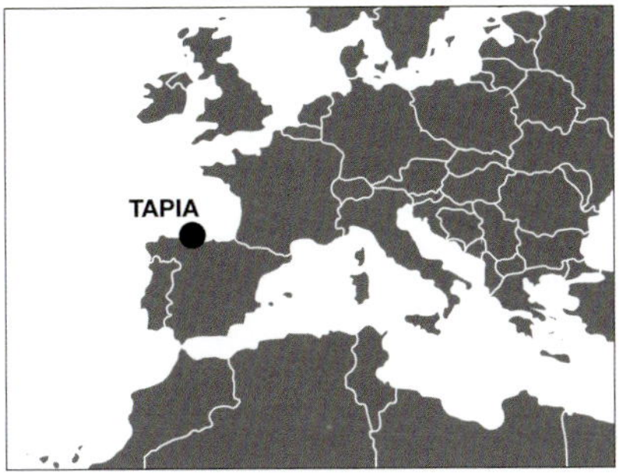

CAMINO SURFCAMP

Kosten: ab 249 Euro für 7 Nächte Unterkunft im Zelt inkl. Surfkurs, Videoanalyse und Camp-T-Shirt

Unterkunft: vom Camping im eigenen Zelt bzw. Bulli über den Wohnwagen mit Meerblick bis hin zu Zimmern im Surfhouse oder eigenen Apartments

Kontaktadresse: *www.caminosurf.com*

MORRO JABLE, FUERTEVENTURA, SPANIEN

FÜR DIE GANZE FAMILIE

Wer den Sport der Könige lernen will, aber nicht auf die Familie verzichten mag, der ist im Otro Modo Camp auf Fuerteventura bestens aufgehoben. Die Surflehrer bringen Jung und Alt in den Line-up und das Publikum im Camp ist, was das Alter angeht, bunt durchmischt.

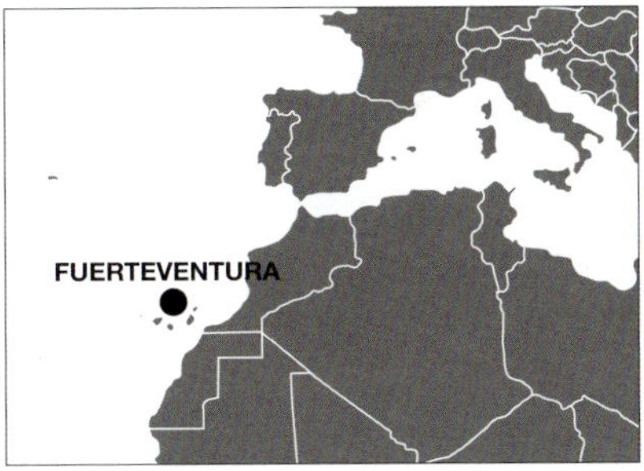

OTRO MODO SURFSCHOOL

Kosten: 429 Euro inkl. Organisation des Flughafentransfers, 7 Nächte Unterkunft, Halbpension im spanischen Restaurant „Arena“, 5 Tage Surfkurs (5 Std. am Tag), lizensierte Surflehrer (BSA und ISA), tägliches Surf Spot Guiding, Beach Transfer, Videocoaching, Versicherung

Unterkunft: Surfcamp/Surfhaus nur zwei Gehminuten zum Strand

Kontaktadresse: *www.otro-modo-surfschool.de*

ALJEZUR, ALGARVE, PORTUGAL
FÜR „HEIMSCHLÄFER“

Im Chill and Surf Camp findet man klassische Unterkünfte in einem schönen Guesthouse. Man hat aber auch die Möglichkeit, sein Zelt im Garten aufzuschlagen oder, was gerade für Bulli-Besitzer und Low-Budget-Surfer interessant sein könnte, im eigenen Bus zu übernachten. Trotzdem können alle Annehmlichkeiten des Surfcamps mitgenutzt werden.

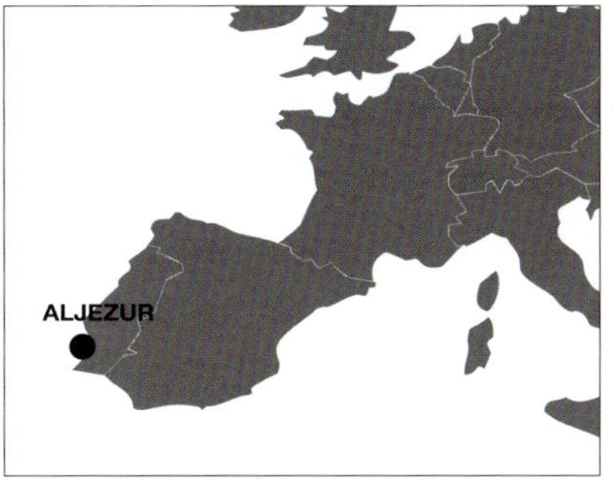

CHILL AND SURF
Kosten: 140 Euro inkl. Unterkunft im eigenen Zelt oder Bus und tägliches Frühstück
Unterkunft: Chill & Surf bietet verschiedene Möglichkeiten an: Chillhaus, Caravan, Baumhaus oder eigenes Zelt bzw. Bus – vier Hektar große Campingmöglichkeit oder externe Apartments
Kontaktadresse: *www.chillandsurf.com*

PENICHE, PORTUGAL
FÜR YOGIS

Der Ort Peniche bekommt Swell aus fast jeder erdenklichen Himmelsrichtung ab. Somit ist Surfen fast 365 Tage im Jahr möglich. Die Surflehrer im Maximum Surfcamp sind bestens ausgebildet und werden einen schnell auf die Bretter schicken. Wer seine schmerzenden Muskeln nach einer anstrengenden Session weiter malträtieren will, kann dies bei professionell ausgeführtem Yoga-Unterricht machen.

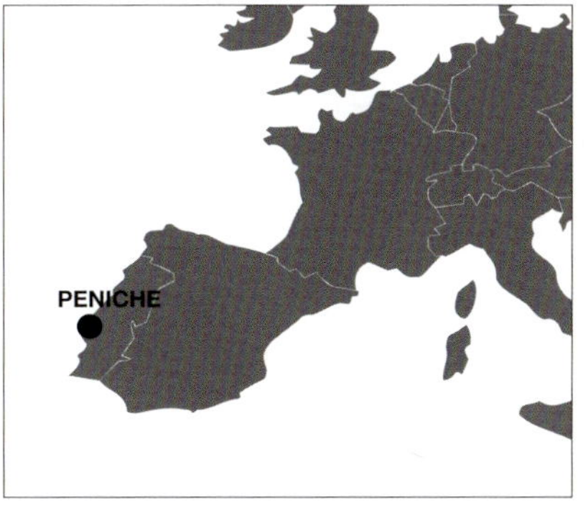

MAXIMUM SURFCAMP:
Kosten: ab 199 Euro inkl. eine Woche Übernachtung im Apartment, Material, fünf Tage Kurs, Spot Transfer, Vidoecoaching, Fatum Surf Factory Tour, Camp-Party
Unterkunft: Apartment-Anlage im Surfer-Style mit original portugiesischem Old-School-Flair, großem Innenhof und Lounge zum Chillen, 300 Meter bis zum Strand, Wellencheck von der Sonnenterrasse aus
Kontaktadresse: *www.maximumsurfcamp.com*

INGRINA, ALGARVE, PORTUGAL

FÜR LUXUS-SURFER

Die Pure Surflodge liegt in der Nähe von Sagres und bietet traumhaften Meerblick vom Haus aus. Sie ist geeignet für Anfänger wie Fortgeschrittene und zählt zu den besten Camps Europas. Wer keine Lust auf Surfen hat, kann auch einfach am hauseigenen Pool abhängen und neue Freundschaften mit den Mitbewohnern und Surflehrern knüpfen.

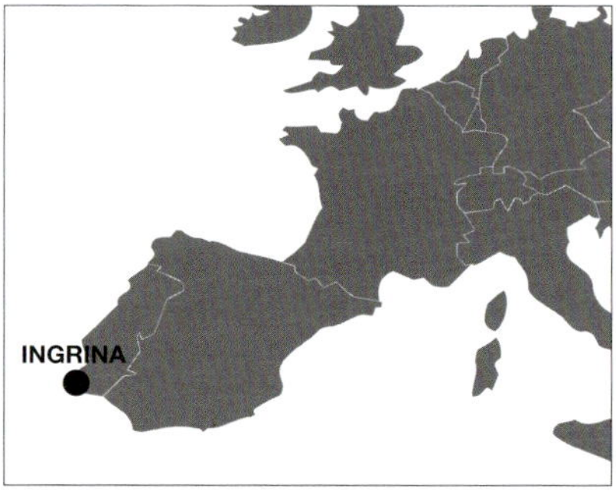

PURE SURFLODGE INGRINA

Kosten: ab 199 Euro eine Woche in der Surflodge inkl. Frühstück mit täglichen Specials – Surfkurs, Yoga, Ausflüge, Reiten, Boardmiete, Abendessen kann man vor Ort hinzubuchen
Unterkunft: Doppelzimmer, Mehrbettzimmer und einige Apartments mit Küchenzeile, alle Unterkünfte mit eigenem Bad und WC, die meisten Zimmer mit Meerblick
Kontaktadresse: *www.puresurfcamps.com*

EL PALMAR, ANDALUSIEN, SPANIEN

FÜR WINTERFLÜCHTLINGE

Wer keinen Bock auf den ewigen deutschen Winter hat, sollte sich einen Platz im beliebten A-Frame Surfcamp sichern. Dieses Camp hat über die Wintermonate geöffnet und bietet neben perfektem Coaching auch Yoga-Unterricht und vor allem viel Entspannung bei bester Verpflegung an. Arne und Kathrin, die beiden Besitzer, lesen einem dabei jeden Wunsch von den Augen ab.

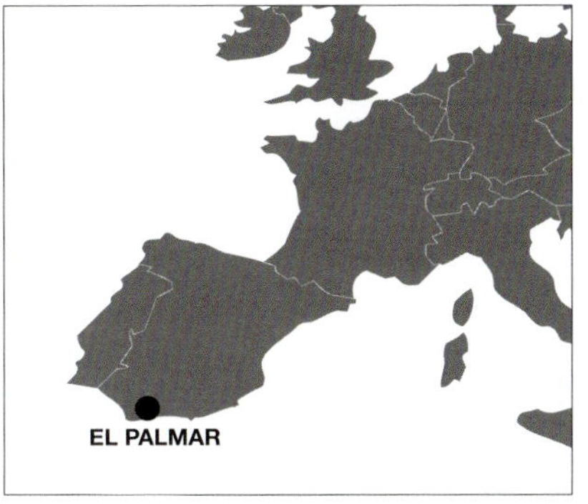

A-FRAME SURFCAMP

Kosten: All-inclusive-Paket ab 549 Euro inkl. ausgewogener und gesunder Ernährung, Unterkunft direkt am Strand und umfangreichem Surfkurs

Unterkunft: Haus mit Terrasse, von der du den ganzen Tag einen traumhaften Blick aufs Meer hast und den anderen in der Pause beim Surfen zuschauen kannst

Kontaktadresse: *www.aframe.de*

CANGGU, BALI, INDONESIEN

FÜR WELTENBUMMLER

Für Fans der Fernreise bietet sich Bali, die Insel der Götter, an. Göttlich unterkommen und betreut wird man dabei im KIMA Surfcamp im hippen Örtchen Canggu. Warmes Wasser, perfekte Anfängerwellen und eine traumhafte Unterkunft werden einen den Alltag schnell vergessen lassen. Die KIMA-Coaches zählen zu den motiviertesten Lehrern auf dem Markt!

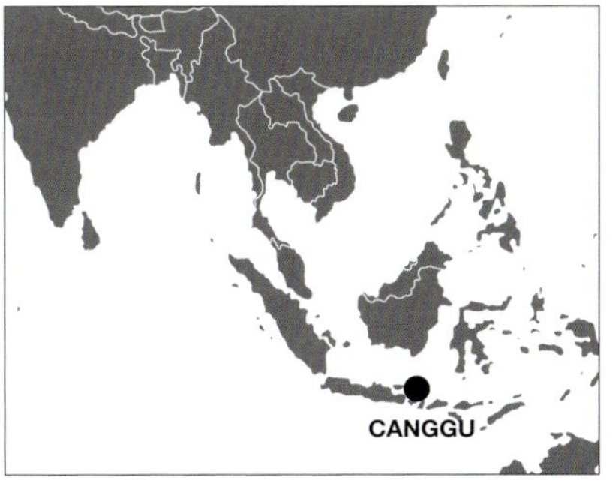

KIMA SURFCAMP

Kosten: individuell an das jeweilige Budget anpassbar: im Sechser-Dorm inkl. Anfänger-Kurs ab ca. 300 Euro

Unterkunft: das Haus bietet alles, was man von einem tropischen Paradies erwartet, feinste Küche, schicker Pool und nur wenige Meter zum Strand

Kontaktadresse: *www.kimasurf.com*

SURF-

Die richtige Technik beim Wellenreiten entscheidet über absolutes Glück oder tiefsten Frust. Nichts nervt mehr, als wenn der Trick einfach nicht klappen will. Daher hat uns der Hamburger Alexander Tech, seines Zeichens ehemaliger deutscher Meister und ADH-Gewinner, die Basics des Wellenreitens zusammengetragen. „Technik-Teschi“ weiß, wie es geht, und du dank der folgenden Seiten auch.

TECHNIK

SURF-TECHNIK

Takeoff, Bottom Turn, Cutback, Roundhouse und Floater sind Tricks, an denen früher oder später kein Surfer vorbeikommt.

DER TAKEOFF

Der Takeoff sollte erst dann in Angriff genommen werden, wenn man zunächst liegend die richtige Position auf dem Surfbrett gefunden hat und im Liegen keine Schwierigkeiten mehr hat, gebrochene Wellen zu bekommen. Das Timing für den Takeoff auf einer sogenannten Weißwasserwelle kann zunächst vernachlässigt werden. Es ist allerdings wichtig, von der Welle mitgeschoben zu werden.

DER TAKEOFF LÄSST SICH IN DREI SCHRITTE UNTERTEILEN

Schritt 1
Der Surfer legt die Handflächen flach OBEN auf das Brett unterhalb der Brust (direkt rechts und links vom Körper) und drückt den Oberkörper nach oben.
Schritt 2
Der hintere Fuß wird angezogen bis etwa auf die Höhe des Knies und mit der Fußinnenseite auf dem Brett abgelegt.
Schritt 3
Man hebt das Gesäß hoch und platziert den vorderen Fuß zwischen die Hände.

POSITION DER FÜSSE AUF DEM BRETT

Im Idealfall befindet sich der hintere Fuß vor den Finnen und der vordere etwa in der Mitte des Surfbretts. Die Füße sind wie beim Skateboarden oder Snowboarden quer in der Mitte auf dem Brett, um mit den Fersen und Fußballen das Brett in Balance zu halten. Der vordere Fuß wird stärker belastet, indem die Hüfte leicht nach vorne geschoben wird. Die Hände bleiben vor dem Körper und der Blick geht geradeaus an den Strand. Dadurch wird gewährleistet, dass auch der Oberkörper leicht Richtung Strand ausgerichtet wird.

Fehlerquellen

1. Der Surf-Anfänger versucht zu früh, sich in die stehende Position zu begeben. Es muss darauf geachtet werden, dass man bereits mit der Welle gleitet, bevor man aufsteht.
2. Die Hände werden nicht weit genug unterhalb der Brust bzw. oben auf das Brett gelegt. Die Folge ist, dass der vordere Fuß nicht zwischen den Händen

positionert wird bzw. man beim Hochdrücken abrutscht.

3. Statt dem Fuß wird das Knie auf dem Brett abgelegt. Man sollte unbedingt darauf achten, die Bewegung richtig auszuführen, die Bewegung muss aus einem Guss kommen. Dies ist nur möglich, wenn die Bewegung ohne Einsatz des Knies erlernt wird.

4. Nach dem Aufstehen streckt sich der Anfänger und macht sich lang. Im Surfen steht man leicht in den Knien, während der Oberkörper relativ aufrecht bleibt. Der Blick geradeaus an den Strand vereinfacht die Boardkontrolle und verhindert das Schlingern des Surfbretts.

5. Der Beginner versucht zu früh den Grüne-Welle-Start. Um eine ungebrochene Welle surfen zu können, muss es für den Surfer möglich sein, den Takeoff in einer flüssigen und fehlerfreien Bewegung durchzuführen.

DER SURF-TECHNIK-AUTOR

Name: Alexander Tesch
Surfer seit: 1997
Sieger der DM 2011
Sieger der ADH 2014/15
Surflehrer seit: 2009
Arbeitet zurzeit für Pure Surfcamps in Moliets
Sponsoren: Pure Surfcamps, ION, PT Surfboards, Take a Shot, Seventyone Percent

BOTTOM TURN

Der Bottom Turn entscheidet über alles, was in der oberen Hälfte der Welle passiert. Er ist DAS Set-up-Manöver. Wichtig ist, dass man den Bottom Turn in zwei unterschiedliche Kategorien unterteilt: den Major Bottom Turn und den Minor Bottom Turn, die jeweils zwei unterschiedliche Kategorien an Top Turns vorbereiten. Der Surfer muss, bevor er sich für einen Bottom Turn entscheidet, die nächste Section der Welle genau gelesen haben.

MAJOR BOTTOM TURN

Schritt 1
Man erkennt eine Section, die sich vor einem steil aufbaut. Es ist wichtig, dass der Surfer die Beschleunigung vom oberen Teil der Welle mitnimmt und sich beim „Herabsurfen" mehr und mehr in eine Kompressionshaltung (tiefer in den Knien, Oberkörper über dem vorderen Fuß) bewegt (ähnlich einem Skateboarder, der eine Quarter runterfährt).

Schritt 2
Kurz bevor man das Flat vor der Welle erreicht hat (im unteren Drittel der Welle), streckt sich der hintere Arm aus in Richtung eines imaginären Punkts (man sollte sich vorstellen, dass man um einen fixen Punkt herumsuft, den man mit der hinteren Hand berührt). Der Blick geht nun Richtung Lippe und man bleibt in einer sehr tiefen Position, um eine maximale Radialbeschleunigung durch den Bottom Turn zu erreichen.

Schritt 3
Erst am Ende, das heißt kurz bevor die Nose die Lippe durchbricht, lehnt man sich mehr nach hinten und verändert die Körperhaltung in eine Extension. Der hintere Arm wird nach hinten geschwungen, um eine Körperrotation einzuleiten.

Fehlerquellen
1. Der Bottom Turn wird zu früh eingeleitet/der Surfer gleitet nicht bis ganz unten. Hierbei kann nicht mehr von einem Top-to-Bottom-Surfen gesprochen werden. Man verliert den „Flow", erhält geringere Scores (auf der Tour bei Spots wie J-Bay gut nachzuvollziehen) und bekommt das Brett nicht vertikal gegen die Lippe.
2. Der hintere Arm wird nicht ausgestreckt, dadurch wird das Brett nicht stark genug auf die Kante gelegt. Man verliert an Geschwindigkeit.
3. Die tiefe Haltung wird nicht eingenommen bzw. zu kurz gehalten. Der Surfer verliert Geschwindigkeit bzw. trifft nicht vertikal auf den optimalen Punkt der Welle.

MINOR BOTTOM TURN

Schritt 1
Die nächste Section baut sich flacher auf. In diesem Moment sollte die Entscheidung für einen Minor Bottom Turn gefällt werden. Man surft dabei nicht die Welle steil hinab ins Flat. Es wird in das untere Drittel gesurft und dabei eine leichtere (verglichen mit dem Major Bottom Turn) Kompressionshaltung eingenommen.

Schritt 2

Der Blick geht anstatt steil die Welle hinauf eher schräg die Welle entlang etwas neben die Pocket. Somit wird der Bottom Turn nicht so tief ausgefahren. Die hintere Hand bleibt neben dem Körper.

Schritt 3

Auf dem Weg zum oberen Teil der Welle wird der Körper aufrechter und der hintere Arm energischer nach hinten geworfen, um eine hohe Oberkörper-Vorrotation und eine Vorspannung zu erzeugen, die während des Manövers freigesetzt wird.

Fehlerquellen:

1. Der Surfer surft bei einem Minor Bottom Turn zu weit nach unten und verliert die Geschwindigkeit.
2. Am Ende wird die Position in die Vorrotation nicht eingenommen, wodurch die Bewegung abgebremst wird.

FAZIT: Der Bottom Turn ist das allerwichtigste Manöver und wird von den meisten leider unterschätzt. Es braucht Zeit, bis man in schwierigen Bedingungen immer richtig zwischen Major und Minor entscheidet. Heißt ihr nicht gerade Mick Fanning, solltet ihr einen Major nur dann einleiten, wenn ihr zu einem Re-Entry ansetzt. Cutbacks, Roundhouses und Airs werden in der Lernphase mithilfe von Minor Bottom Turns eingeleitet. Konzentriert euch auf die Bottom Turns und ihr werdet merken, wie viel explosiver die Top-Manöver ausgeführt werden können. Die Fehlerquellen in euren Manövern liegen meist schon im Bottom Turn!

CUTBACK

Der Cutback ist ein Carve-Manöver, das leicht auf einem Skate- oder Snowboard geübt werden kann. Essenziell ist die Abfolge Gewichtsverlagerung, Blick, Arme.

Schritt 1
Aus einem Minor Bottom Turn kommend lehnt man sich auf das Backside Rail. Die Körperhaltung geht aus einer Extension in eine Kompression. Dabei wird das Gewicht leicht nach hinten verlagert und der Blick fängt an, Richtung Wellental zu wandern.

Schritt 2
Der vordere Arm wird dem Blick hinterher in Richtung Wellental ausgestreckt. Der Blick geht weiter Richtung Weißwasser. Dadurch wird das Brett auf der Kante gehalten und die Radialbeschleunigung ausgenutzt. Die Körperhaltung bleibt etwa gleich tief und das Gewicht wird langsam nach vorne verlagert, während man die Welle hinab und zurück surft. Der hintere Arm folgt dem vorderen und man bildet die sogenannte T-Position.

Schritt 3
Der Blick geht so lange über die Schulter, bis man klar die Pocket zu Gesicht bekommt. Die Nose zeigt Richtung der Stelle, an der das Weißwasser im Wellental ankommt. Erreicht man das untere Drittel der Welle, wird das Brett wieder auf das Frontside Rail gelegt, um zu einem Bottom Turn anzusetzen. Dabei wird erst das Gewicht verlagert, dann der Blick die Wellenwand entlang fixiert und die Arme werden vor den Körper geschoben.

Fehlerquellen
1. Der Surfer kommt zu steil aus dem Bottom Turn und verpasst den Ansatz des Turns.
2. Der Cutback wird nicht im oberen Drittel angesetzt und der Surfer kann den Turn nicht bis zum Ende durchziehen.
3. Der Surfer schaut seinem Spray hinterher und hält das Brett somit nicht auf dem Rail.
4. Die T-Position wird nicht eingenommen/gehalten und der Surfer verliert den Schwung aus dem Bottom Turn.

1

2

3

ROUNDHOUSE

Der Roundhouse ist die Verlängerung eines normalen Cutback. Der Roundhouse wird weiter weg von der Pocket ausgefahren und man schließt mit einem Rebound gegen die Section ab, um mit Geschwindigkeit zurück in den offenen Teil der Welle geschoben zu werden.

Schritt 1
Man surft weiter weg von der Pocket als bei normalen Manövern mithilfe eines sehr „sanften" Minor Bottom Turns. Beim Übergang in den Roundhouse wird der Körper aus der Extension in eine Kompression gebracht. Am Anfang sollte man sich möglichst weit oben an der Welle befinden. Das Gewicht wird leicht nach hinten verlagert und der Blick fängt an, Richtung Wellental zu wandern.

Schritt 2
Der vordere Arm wird dem Blick hinterher in Richtung Wellental ausgestreckt. Der hintere wird neben dem Körper vorgeschoben. Erst befindet man sich in der sogenannten T-Position. Diese wird beibehalten, um das Board auf dem Rail zu halten. Befindet man sich im unteren Teil des mittleren Drittels, wird zuerst der Blick, dann die Arme Richtung Pocket gerichtet.

Schritt 3
Man sollte bis in das untere Drittel hineinsurfen. Von dort aus bleiben die Augen fokussiert auf den Punkt in der Pocket, an dem sich die Welle fast bricht. Beginnt man, die Welle leicht hinaufzusurfen, wird der Körper wieder in eine leichte Extension geschoben, beginnend mit den Armen. Kurz bevor die Nose die kräuselnde Lippe erreicht, wird der vordere Arm energisch hochgerissen, so weit wie es noch geht, während der Blick Richtung Tailpad gedreht wird. Dies führt dazu, dass das Brett sehr vertikal nach oben geschoben wird und durch den Blick der Oberkörper vom Aufprall gegen die Section in Wellenrichtung zurückgeschoben wird.

Fehlerquellen
1. Der Turn wird nicht weit genug oben angesetzt, dadurch kann kein Speed beim Hinabsurfen generiert werden.
2. Die T-Position wird zu früh verlassen und man erreicht nicht die Lippe beim Rebound.
3. Der letzte Schwung der Arme wird nicht energisch genug durchgeführt. Dadurch erreicht man die Lippe zu flach und verliert den Schwung.

1

2

3

FLOATER

Der „Standard"-Floater gehört zu den einfacheren Manövern. In kleineren Wellen ist es wichtig, dass ihr mit ein bisschen Geschwindigkeit eine sich anbrechende Section fokussiert.

Schritt 1
Das Timing spielt eine wichtige Rolle. Fangt langsam an! Ihr kommt aus einem Minor Bottom Turn (ohne den hinteren Arm nach hinten zu schwingen) und der Floater wird sehr flach angefahren. Kurz bevor das Brett oben auf die Welle gelegt wird, sollten beide Arme nach oben gehoben werden, um das Brett von der Wasseroberfläche freizukriegen.

Schritt 2
Auf dem Wellenkamm bleibt der Blick geradeaus. So werden die Geschwindigkeit und die Richtung beibehalten, ohne dass man sofort von der Welle Richtung Wellental geschoben wird. Der Stringer des Surfbretts liegt im Idealfall genau auf der Lippe auf. Das Körpergewicht ist gleichmäßig verteilt.

Schritt 3
Um einen Floater sicher zu landen, sollte erst der Blick Richtung Landepunkt gehen, dann die Arme und der Oberkörper, um zuletzt die Welle das Brett in diese Richtung schieben zu lassen. Bei der Landung muss je nach Wellenhöhe der Floater abgefangen werden, indem man in die Knie geht.

Fehlerquellen
1. Man nähert sich dem Wellenkamm zu steil und hat keinen Vortrieb mehr, sobald man oben ist.
2. Bei der Einleitung des Floaters macht sich der Surfer nicht „leicht" durch das Nachobenziehen der Arme und er verliert an Geschwindigkeit.
3. Der Blick während des Floatens geht schon nach unten Richtung Wellental und der Floater bricht zu früh ab.

Der Floater ist ein gutes Manöver, um eine längere Section zu „durchgleiten". Bei richtiger Ausführung entspricht die Anfangs- der Endgeschwindigkeit.

1

2

3

STAY FIT

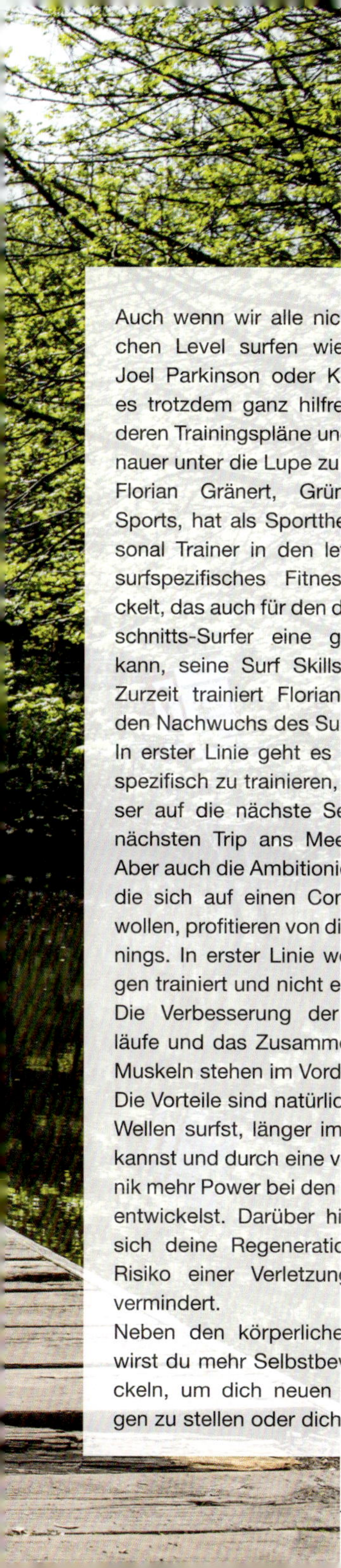

Auch wenn wir alle nicht auf dem gleichen Level surfen wie Mick Fanning, Joel Parkinson oder Kelly Slater, kann es trotzdem ganz hilfreich sein, einmal deren Trainingspläne und -methoden genauer unter die Lupe zu nehmen.

Florian Gränert, Gründer von Mizu Sports, hat als Sporttherapeut und Personal Trainer in den letzten Jahren ein surfspezifisches Fitnesstraining entwickelt, das auch für den deutschen Durchschnitts-Surfer eine große Hilfe sein kann, seine Surf Skills zu verbessern. Zurzeit trainiert Florian unter anderem den Nachwuchs des Surf Club Sylt.

In erster Linie geht es darum, sportartspezifisch zu trainieren, um sich so besser auf die nächste Session oder den nächsten Trip ans Meer vorzubereiten. Aber auch die Ambitionierten unter euch, die sich auf einen Contest vorbereiten wollen, profitieren von dieser Art des Trainings. In erster Linie werden Bewegungen trainiert und nicht einzelne Muskeln. Die Verbesserung der Bewegungsabläufe und das Zusammenspiel einzelner Muskeln stehen im Vordergrund.

Die Vorteile sind natürlich, dass du mehr Wellen surfst, länger im Wasser bleiben kannst und durch eine verbesserte Technik mehr Power bei den einzelnen Moves entwickelst. Darüber hinaus verbessert sich deine Regenerationszeit und das Risiko einer Verletzung wird deutlich vermindert.

Neben den körperlichen Anpassungen wirst du mehr Selbstbewusstsein entwickeln, um dich neuen Herausforderungen zu stellen oder dich im Line-up besser behaupten zu können. Das beste Training für Surfer ist Surfen. Die meisten von uns haben aber keine surfbaren Wellen vor der Haustür und retten sich mit Wochenendtrips über die Woche, bis die nächste größere Reise ansteht. Daher lohnt es sich, zwei- bis dreimal wöchentlich eine halbe Stunde in seine Fitness zu investieren und die Muskelatur genau so zu trainieren, wie du sie beim Surfen auch beanspruchst. Die Mädels können ihr Training übrigens ebenso gestalten wie die Herren der Schöpfung.

Pass auf, dass du dich nicht verunsichern lässt. Hör auf deinen Körper und auf dein Gefühl. Denn was für den einen gut und richtig ist, bringt jemand anderen vielleicht nicht unbedingt ans Ziel. Versuch, dich vernünftig zu ernähren, trink ausreichend und sieh zu, dass du rechtzeitig ins Bett kommst.

Du braucht keine Fitnessstudios oder trendige und überteuerte Geräte, für noch nicht einmal 100 Euro kannst du dir ein sehr effektives und simples Set-up zusammenstellen, das aus Hanteln, Medizin- und Gymnastikball, Springseil und Pulsuhr besteht.

Auf den folgenden Seiten wollen wir dir einen kleinen Überblick verschaffen, wie ein surfspezifisches Training aussehen kann. Natürlich gibt es unglaublich viele Möglichkeiten, Ideen und Ansätze, wie man ein Training aufbauen und gestalten kann. Nimm diese Tipps als Anregung, trau dich, verschiedene Übungen auszuprobieren und zu variieren. Lerne dich und deinen Körper besser kennen. Und vor allen Dingen: Hab Spaß!

I. WARM-UP

Du kennst das. Nach einer anstrengenden Woche kommst du nach einer stundenlangen Fahrt völlig fertig am Spot an, ausnahmsweise stimmt der Forecast sogar mal und es gibt Wellen. Du bist aber natürlich nicht der Einzige, der Lust auf Surfen hat. Als ein weiteres Auto voller wellenhungriger Surfer neben dir hält, siehst du zu, dass du in deinen Neo kommst, und verzichtest wieder einmal auf ein Warm-up.

Du bist zwar vor allen anderen im Wasser, aber als die ersten Wellen unter dir durchlaufen und du Schwierigkeiten hast, deinen Rhythmus zu finden, fragst du dich, ob so ein kleines Warm-up nicht vielleicht doch ganz sinnvoll gewesen wäre.

Doch wie sieht ein vernünftiges Warm-up aus? Viele machen nach wie vor den Fehler beim Aufwärmen, statische Dehnübungen (15 bis 30 Sekunden und länger die Position halten) einzusetzen. Die helfen dir aber nicht, wenn du auf dem Wasser mal richtig Gas geben willst. Mal ehrlich: Solltest du dich sehr langsam bewegen, um dich auf schnelle Bewegungen vorzubereiten? Nein!

Hier zeigen wir dir eine kleine Auswahl dynamischer Bewegungen, die dich optimal auf hohes Tempo bringen werden.

REVERSE LUNGE TWIST + *ÜBERKOPF*

- aus dem Stand rechtes Bein nach hinten absetzen. Beide Füße stehen stabil auf dem Boden, Arme auf Schulterhöhe nach vorn ausstrecken
- Hüfte absenken, bis das hintere Knie (fast) den Boden berührt. Das vordere Knie befindet sich über dem Fußgelenk, der Oberkörper ist aufrecht und die Brust herausgedrückt
- Oberkörper rotiert nach links, bis sich der rechte Ellenbogen über dem linken vorderen Knie befindet
- zurück in die Startposition, Seite wechseln, fünf Wiederholungen zu jeder Seite und optional über den Kopf

SIDE TO SIDE LUNGE

- einen großen Schritt zur Seite machen. Das Gewicht liegt auf dem gebeugten Bein, das andere ist getreckt
- Körperschwerpunkt so tief wie möglich, Oberkörper bleibt aufrecht
- Position eine Sekunde halten, danach wechseln
- fünf Wiederholungen zu jeder Seite

SPIDER-MAN

- aus der Liegestützposition mit dem rechten Fuß eine großen Schritt nach vorn machen und den Fuß seitlich außen neben der rechten Hand aufsetzen
- rechten Ellenbogen zum Boden senken
- Fuß zurücksetzen, Bewegung auf der anderen Seite ausführen
- Position nicht länger als eine Sekunde halten

SCHULTERN UND ARME KREISEN

- stabiler Stand, Füße hüftbreit, Zehenspitzen zeigen nach vorn, Knie leicht gebeugt
- Körperspannung!
- Intensität und Geschwindigkeit langsam erhöhen, 15 bis 20 Wiederholungen

NECK MOBILITY

- Kinn langsam zur Brust absenken, Kopf in den Nacken legen
- keine schnellen oder ruckartigen Bewegungen
- fünf Wiederholungen
- linkes Ohr zur linken Schulter absenken, danach Seite wechseln
- zwei, drei Sekunden halten
- Arme können die Bewegungsausführung unterstützen

II. CORE UND UPPER BODY

Mit „Core“ ist das Zentrum des Körpers gemeint. Vereinfacht ausgedrückt sind es der Rumpf, die Körpervorder- und -rückseite, also Bauch und Rücken. Der Rumpf ist Ursprung jeder Bewegung. Arme, Beine und Kopf sind mit dem Körperkern verbunden und rotieren um diesen. Die Core-Muskeln liegen wie ein Gürtel um den Körper. Indem du die Core-Muskeln stärkst, stabilisierst du deinen Körper und trainierst Fähigkeiten wie Flexibilität, Agilität und Beschleunigung. Es geht nicht um Muskelzuwachs, deine Muskulatur soll leistungsstärker werden, damit deine Paddelbewegungen effizienter und dein Takeoff dynamischer werden. Core-Training entwickelt nicht nur die oberflächliche dynamische Muskulatur, sondern fördert auch ganz gezielt die tief liegenden Haltemuskeln. Aus diesem Grund ist das Training nicht nur für einen gesunden Rücken von Bedeutung, sondern spielt auch in der Leistungsoptimierung im Freizeit- und Spitzensport eine zentrale Rolle. Durch die Kräftigung der Core-Muskeln und Oberkörpermuskulatur legst du den Grundstein, um deine Leistungsfähigkeit beim Surfen zu erhöhen und das Verletzungsrisiko zu senken, ohne viel Geld in teures Equipment investieren zu müssen.

FRONT PLANK
VARIATION LIEGESTÜTZ

- in der Bauchlage mit gestreckten Beinen anfangen
- Unterarmstütz, Hände verklinken, Ellenbogen unter der Schulter
- Fußspitzen sind aufgestellt, Füße eng beieinander
- Position ein, zwei Minuten halten, dann 30 Sekunden Pause
- mindestens dreimal wiederholen (!), Körper bildet immer eine gerade Linie

SIDE PLANK *CRUNCH*

- auf die rechte Seite legen und den Ellenbogen unter der Schulter aufstützen, der Unterarm ist auf dem Boden und zeigt in Blickrichtung
- Beine übereinander, linke Hand an die Hüfte, Becken vom Boden heben (Körper bildet eine gerade Linie)
- Becken absenken und anschließend wieder in Ausgangsposition
- zehnmal wiederholen, dann Seite wechseln, Becken steht immer senkrecht und kippt nie nach vorne oder hinten

PULL-OVER - *FITBALL + DUMBELL*

- Übung zur Stärkung deiner Rückenmuskulatur
- kleines Gewicht verwenden (in diesem Fall 2 kg)
- flach mit dem Rücken auf den Ball legen, Füße schulterbreit auseinander, die Körperspannung halten
- Hantel fest greifen und mit leicht gebeugten Armen über den Kopf führen, dann langsam absinken lassen
- das Ganze je nach Gewicht zehnmal, dann 30 Sekunden Pause, danach noch zwei Einheiten, keine schnellen und ruckartigen Bewegungen, Nackenmuskulätur ist entspannt, Atmen nicht vergessen

---

REVERSE FLYE - *FITBALL + DUMBELL*

- Übung zur Stärkung deiner Nacken- und Schultermuskulatur
- mit dem Oberkörper auf den Ball legen, Arme vor den Körper, Rücken und Schultern sind entspannt
- einatmen, Arme leicht gebeugt seitlich bis auf Schulterhöhe anheben, ausatmen und Gewichte wieder langsam in die Ausgangsposition zurückführen
- das Ganze je nach Gewicht zehnmal, dann 30 Sekunden Pause
- danach noch zwei Einheiten, keine schnellen und ruckartigen Bewegungen, Nackenmuskulatur ist entspannt, Atmen nicht vergessen

---

PULL OVER - *FITBALL + DUMBELL*

- Übung zur Schulung der Rotationsfähigkeit des Oberkörpers
- in stabilem Stand (Abwehrhaltung) mit Blick zur Wand stehen
- Knie leicht beugen
- Körperschwerpunkt nach hinten verlegen, Rotation kommt aus der Hüfte
- zehn Würfe links, danach zehn Würfe rechts, das Ganze dreimal wiederholen
- Anzahl am Anfang nicht steigern, lieber härter und sauberer werfen

III. AUSDAUER

DEFINITION AUSDAUER

„Ausdauer ist die Widerstandsfähigkeit des Organismus gegen Ermüdung und/oder die schnelle Regenerationsfähigkeit nach einer Belastung.“ *(Quelle: Wikipedia)*

Surf-Sessions, die zwei Stunden und länger dauern, sind ziemlich anstrengend und setzen ein hohes Maß an körperlicher Fitness voraus. Wie du es trotzdem schaffst, wenn das Set des Tages reinkommt, dich in Position zu bringen, eine Welle anzupaddeln und einen schnellen und technisch einwandfreien Takeoff hinzukriegen, lernst du hier.
Die Erfahrung hat gezeigt, dass klassisches Ausdauertraining allein selten zum Ziel führt. Empfohlen wird eher eine Kombination aus Ausdauer- und Plyometrischem Training, damit du deine Leistungsfähigkeit verbesserst und zugleich deine Explosiv- und Schnellkraft erhöhst.

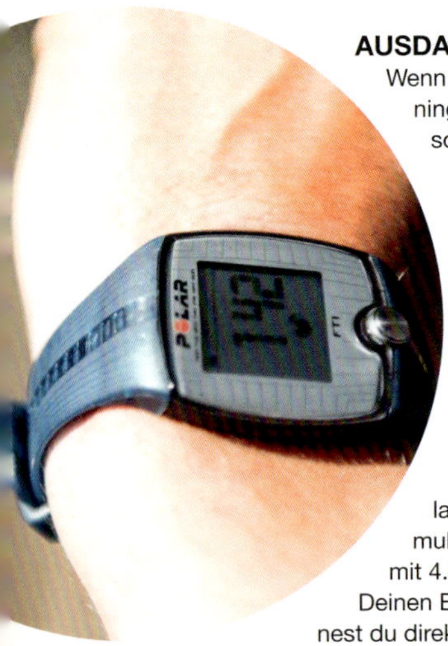

AUSDAUERTRAINING

Wenn du ins Ausdauertraining einsteigen möchtest, solltest du dir ein paar vernünftige Schuhe und eine Pulsuhr zulegen. Damit du deine Fortschritte verfolgen kannst, musst du deine Herzfrequenz im Blick haben. Pulsmessen geht ganz einfach.
Du suchst deinen Puls, zählst 15 Sekunden lang die Herzschläge und multiplizierst das Ergebnis mit 4. Das ist dein Ruhepuls. Deinen Belastungspuls errechnest du direkt nach einer Belastung und eine Minute später kannst du den Erholungspuls messen. Mit einer Pulsuhr ist das Ganze natürlich angenehmer, da du deine Herzfrequenz ständig kontrollieren kannst.
Um deine maximale Herzfrequenz zu errechnen kannst du folgende Formel anwenden:

Jungs: 220 – Lebensalter = HF max
Mädels: 226 – Lebensalter = HF max

Am Anfang deines Trainingsprogramms lässt du es ruhig angehen, um dann die Intensität mit der Zeit zu erhöhen. Du trainierst zuerst im aeroben Bereich (60-75% HF max), um dir eine vernünftige Grundlage aufzubauen. Mit der Zeit baust du immer mehr kurze Einheiten im anaeroben Bereich (80-85% + HF max) ein.

ALS BEISPIEL
Surfer, 25 Jahre alt

220 – 25 = 195 HF max

195 x 0,6 = 117 *(unterer Bereich aerob)*
195 x 0,75 = 146,25 *(oberer Bereich aerob)*

195 x 0,85 = 165,75 *(anaerob)*

Im anaeroben Bereich zu trainieren ist anspruchsvoll und anstrengend, dein Körper geht eine sogenannte Sauerstoffschuld ein. Mittel- und langfristig ist dies aber die beste Methode, um deine Leistungsfähigkeit zu erhöhen.

TRAININGSPLAN JOGGEN

Woche 1	2 Läufe (40 Min./60-75% HFmax)	
Woche 2	2 Läufe (40 Min./60-75% HFmax)	1 Plyo Workout (3 Sätze, 10 Wiederholungen, 30 Sek. Pause)
Woche 3	2 Läufe (50 Min./60-75% HFmax und 6 Min./80-85% HFmax)	1 Plyo Workout (3 Sätze, 10 Wiederholungen, 30 Sek. Pause)
Woche 4	2 Läufe (50 Min./60-75% HFmax und 8 Min./80-85% HFmax)	2 Plyo Workouts (3 Sätze, 10 Wiederholungen, 30 Sek. Pause)
Woche 5	2-3 Läufe (50 Min./60-75% HFmax und 10 Min./80-85% HFmax)	2 Plyo Workouts (3 Sätze, 10 Wiederholungen, 30 Sek. Pause)
Woche 6	2-3 Läufe (50 Min./60-75% HFmax und 12 Min./80-85% HFmax)	2 Plyo Workouts (3 Sätze, 15 Wiederholungen, 30 Sek. Pause)
Woche 7	2-3 Läufe (55 Min./60-75% HFmax und 2-mal 8 Min./80-85% HFmax/90 Sek. Pause dazwischen)	2 Plyo Workouts (3-4 Sätze, 15 Wiederholungen, 30 Sek. Pause)
Woche 8	2-3 Läufe (55 Min./60-75% HFmax und 2-mal 8 Min./80-85% HFmax/90 Sek. Pause dazwischen)	2 Plyo Workouts (3-4 Sätze, 15 Wiederholungen, 30 Sek. Pause)

PLYO-ÜBUNG // TAKEOFF

- aus der Liegestützposition mit beiden Füßen nach vorn springen und die Füße unter die Brust bringen, dann schnell in die Ausgangsposition zurückspringen und die Beine strecken
- vier Wiederholungen, dann aus der Liegestützposition absinken, flach auf den Boden legen, Takeoff
- eine Minute lang, drei oder vier Sätze, 30 Sekunden Pause dazwischen

IV. BALANCE UND LOWER BODY

Gleichgewicht, Stabilität und Kraft im Unterkörper und in den Beinen sind für uns Surfer essenziell. Um einen steilen Takeoff zu stehen, einen sauberen Bottom Turn zu fahren und beim Cutback ordentlich Spray gen Himmel zu schicken, brauchen wir jede Menge Power in der Hüfte und den Beinen. Für die meisten von uns sind Indo-Boards und Slack Lines sicherlich ein Begriff und viele werden diese sogenannten Balance-Trainer wahrscheinlich auch schon einmal selbst ausprobiert haben. Aber kennst du einbeinige Kniebeugen? Zugegeben, das klingt nicht gerade sexy. Aber das ist eine meiner Lieblingsübungen und das wohl mit Abstand Beste, um deine Kraft in den Beinen und in der Gesäßmuskulatur zu erhöhen. Alles Wichtige wird trainiert: Kraft, Koordination, Balance und Ausdauer. Bevor wir uns allerdings an die einbeinige Version wagen, lernst du natürlich zuerst, eine normale Kniebeuge (Squat) sauber auszuführen. Kannst du? Sehr gut. Warum das Ganze dann auf einem Bein? Ganz einfach: weil du beim Surfen so gut wie nie dein Körpergewicht gleichmäßig auf beide Beine verteillst, sondern eher über den vorderen bzw. hinteren Fuß surfst.

❶

❷

V. COOL-DOWN

Mit letzter Kraft schnappst du dir noch eine Welle und surfst sie bis an den Strand. Du bist völlig fertig, ausgepowert, aber glücklich ohne Ende. Doch was jetzt? Ein kühles Bier oder Cool-down?

Die meisten entscheiden sich für das Bier. Doch zehn bis 15 Minuten Cool-down können wahre Wunder bewirken. Vor allem wenn die Vorhersage gut ist und du fit für den nächsten „Early Bird“ sein willst.

Aber nicht nur nach einer Surf Session, sondern auch nach jeder anderen körperlichen Belastung macht ein kurzes Cool-down Sinn. Damit gibst du deinem Körper die Möglichkeit, schneller zu regenerieren. Hier kommen statische Dehnübungen zum Einsatz, bei denen du die einzelnen Muskeln 15 bis 30 Sekunden (im Einzelfall sogar länger) dehnst. Oben siehst du ein paar Übungen, die alle großen Muskelgruppen abdecken. Es gibt unzählige Varianten und Methoden. Nur Mut, stell dir dein eigenes Cool-down-Programm zusammen und kümmere dich um deinen Körper. Versorg ihn mit ausreichend Nährstoffen, Flüssigkeit und gönn ihm etwas Ruhe. Deine Gesundheit wird es dir danken und du wirst überrascht sein, wie fit du dich für die nächste Session fühlen wirst. Wichtig ist, nicht zu überdehnen und vor allem keine schnellen und ruckartigen Bewegungen auszuführen.

Design
Logo
Glassing
sonstige Hinweise
THE SURFER'S BEST
BIG DING
POLYESTER REPAIR KIT

DING

REPAIR

Ein Surfboard begegnet in seinem Leben einer Menge Feinden. Übermotivierten Flugzeugbepackern, Riffen, tonnenschweren Wellen, dem eigenen unachtsamen Besitzer... die Liste ist endlos. Kein Board kommt ohne Dings aus. Daher haben wir euch eine Do-it-yourself-Anleitung zusammengestellt, wie ihr euren Liebling wieder frisch repariert aufs Wasser bekommt.

NOSE DING

1. Das Nose Ding ist neben dem Rail Ding eine der häufigsten Arten der Beschädigung. Mit einem Teppichmesser schneidet man die Fiberglas-Fetzen ab, sodass man eine saubere Fläche hat und alle weichen Stellen entfernt sind. Sollte der Foam hier noch nass sein, unbedingt erst mit den folgenden Schritten warten, bis die Stelle richtig trocken ist.
2. Mit dem Cutter nochmals Vertiefungen unter den gesunden Teil des Fiberglases kratzen, damit die Microballoon-Mischung noch mehr Verbindungsfläche hat, und rund um die kaputte Stelle alles mit Schmirgelpapier anrauen.
3. Harz und Härter anmischen, gleichzeitig Microballoons dazurühren, bis eine homogene Masse entsteht, im Idealfall in einer Konsistenz wie dickflüssiger Honig.
4. Überall, wo die Mischung runtertropfen könnte, sollte man Klebeband als Schutz kleben, dann die Mischung großzügig über die kaputte Stelle schmieren. Am besten mit einem Holzstab oder Ähnlichem, damit man nicht alles an den Fingern kleben hat. Je nach Temperatur zwischen 15 Minuten und vier Stunden aushärten lassen.
5. Kurz bevor die Mischung komplett ausgehärtet ist, kann schon mit grobem Schleifpapier die überstehende Masse abgeschliffen werden. Aber unbedingt vorsichtig, da sonst alles wieder abfällt!
6. Ein Stück Fiberglas-Matte zurechtschneiden, auf die frisch abgeschmirgelte Stelle legen und mit Harz und Härter fixieren. Anschließend mit einem Pappspachtel oder zur Not mit dem Finger alles Harz aus der Matte drücken, bis man die Struktur der Matte gut erkennen kann.
7. Nachdem die Mischung ausgehärtet ist, kann wieder geschmirgelt werden. Die Ränder mit grobem 80er schleifen, den Rest mit feinerem Schleifpapier. Ab hier wäre man auch schon fertig.
8. Thumbs up und schnell ab aufs Wasser!

ZUTATEN

Polyesterharz
Härter
Glasfasermatte
Microballoons
Mischbecher
Holzspachtel
Holzstäbchen
Einmalhandschuhe
Schere
Schleifpapier
(im Idealfall 80er, 120er, 300er und 800er)
Klebebandrolle
(erhältlich u. a. bei *www.big-ding.com*)

1

2

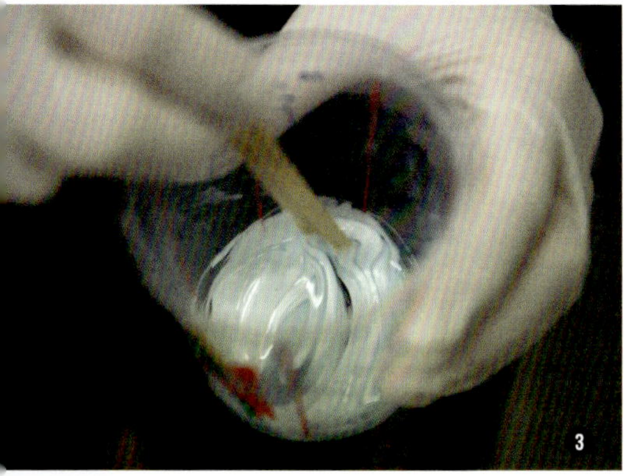
3

4

5

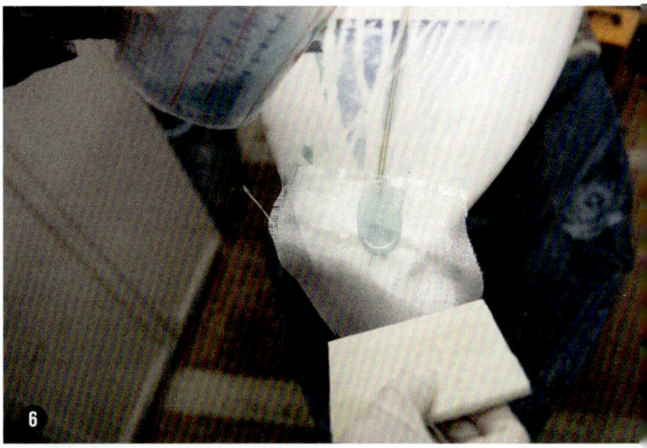
6

7

8

FINPLUG

1. Dass eine Finne rausbricht, passiert immer wieder mal. Entweder war es dann doch zu flach auf dem Riff oder man bumst sie sich durch Unachtsamkeit raus, die Möglichkeiten sind vielzählig. Was also tun, wenn die Finne im Meer versunken und der Plug, in der sie eben noch steckte, beschädigt ist? Richtig: alten Plug raus und neuen rein. Am besten bohrt man sich den Plug mit einem passenden Bohraufsatz (mindestens drei Zentimeter Durchmesser) heraus.

2. Danach die Oberfläche rund um den alten Plug mit Schmirgelpapier anrauen.

3. Unterhalb des gesunden Fiberglases kleine Einkerbungen in den Schaum ritzen, damit später Harz und Härter besser greifen können.

4. Am einfachsten ist es, man nimmt sich die neu gekaufte Finne, steckt sie in den noch gesunden Plug und setzt den neuen Plug auf den anderen Stift der Finne auf, um ihn perfekt ausrichten zu können.

5. Jetzt werden Harz, Härter, eine Prise Microballoons und zur Stabilisierung am besten noch ein paar kleine Fetzen Fiberglas zusammengemischt.

6. Die Mischung nicht zu fest werden lassen und vorsichtig um den neuen Finplug gießen.

7. Die Mischung hart werden lassen, Finne abziehen, Finnenschraube unbedingt im Plug versenken und die überschüssige Harz-Härter-Mischung anschließend abschleifen.

8. Offiziell wäre man jetzt schon fertig und die nächste Session könnte kommen. Doch wir gehen noch einen Schritt weiter.

9. Zwei Fiberglas-Matten übereinanderlegen und auf etwas über Plug-Größe schneiden. Harz-Härter-Mischung drüberkippen (vorher natürlich den Schlitz für die Finne zukleben, sonst kann man wieder bei Schritt 1 anfangen) und gleichmäßig verteilen.

10. Harz-Härter-Mischung aushärten lassen und wieder erst grob bis später fein abschleifen. Nun müsste die Stelle wieder wie neu aussehen.

ZUTATEN

Polyesterharz, Härter, Glasfasermatte, Microballoons, Mischbecher, Holzstäbchen, Einmalhandschuhe, Schere, Schleifpapier (im Idealfall 80er, 120er, 300er und 800er), Klebebandrolle (erhältlich u. a. bei *www.big-ding.com*) und einen neuen Finplug

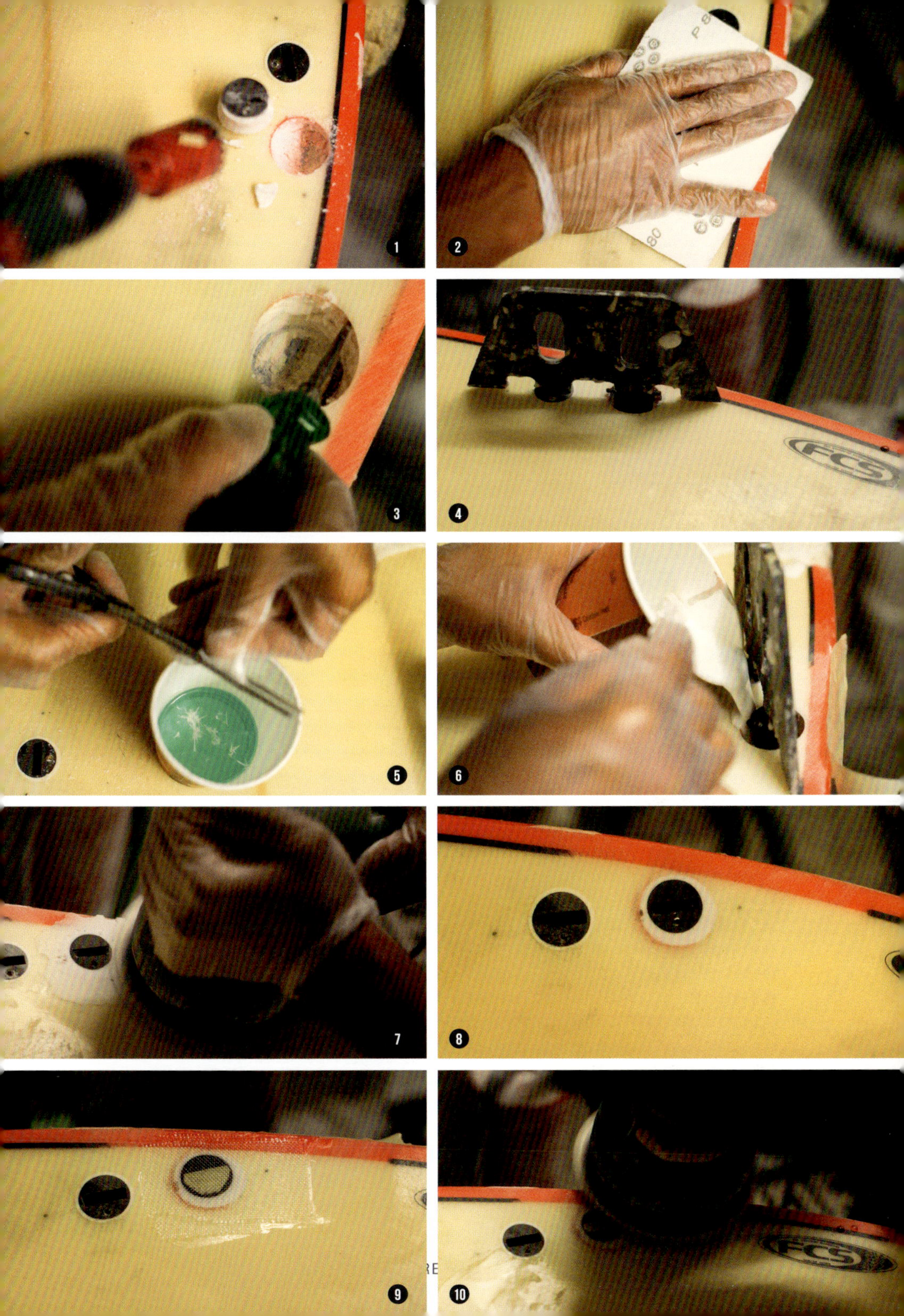
1
2
3
4
5
6
7
8
9
10

DELAMINATION

1. Delamination ist was echt Hässliches. Es geschieht, wenn ein Board zu starken Strapazen unterzogen wird und sich durch ständige Malträtierung das Fiberglas vom Foam löst. Das geschieht entweder als riesiges Pressure Ding oder wie in unserem Fall, als das Board mit der Nose unter Wasser im Boden stecken blieb und abbrach, wobei noch ein halber Quadratmeter Fiberglas mit abriss. Nicht schön! Wenn alles wieder gut getrocknet ist, kann man mit der Reparatur beginnen. Sollte das Fiberglas noch lose über dem Foam sein, das alte Fiberglas bis zu den Stellen, wo es noch fest mit dem Foam verbunden ist, mit einem Teppichmesser entfernen. Mit grobem Schleifpapier (am besten geht das mit einer Schleifmaschine) die Ränder des intakten Fiberglases anschleifen.

2. Ein großzügiges Stück Fiberglas für die zu behandelnde Stelle zurechtschneiden. Lieber ein paar Zentimeter zu viel als zu wenig benutzen.

3. Harz und Härter anmischen und ebenfalls großzügig über die geschädigte Stelle gießen.

4. Mit einem Spachtel die Harz-Härter-Mischung über das Fiberglas verteilen und darauf achten, dass möglichst wenig Luftblasen dabei zu erkennen sind.

5. In unserem speziellen Fall muss das getränkte Fiberglas auch sauber um die Nose gefaltet werden, am besten geht das mit der Hand (aber natürlich nur mit Gummihandschuh!).

6. Nun muss das Ganze gut durchhärten. Am besten und schnellsten geht es unter UV-Lampen. Da die aber wahrscheinlich nicht jeder in seinem Keller stehen hat, kann man das Surfbrett auch raus in die Sonne legen. Dabei aber darauf achten, dass kein Schmutz, kein Regen, keine Insekten oder sonst was an die behandelte Stelle kommt.

7. Nachdem die Mischung ausgehärtet ist, kann wieder geschmirgelt werden. Die Ränder mit grobem 80er schleifen, den Rest mit feinerem Schleifpapier.

8. Um den Ganzen noch mehr Stabilität zu verleihen, gießen wir nochmals eine Runde Harz-Härter-Mischung über die zu behandelnde Stelle.

9. Die Mischung wieder hauchzart mit einem Pinsel verstreichen.

10. Anschließend wieder das Ganze unter künstlichem UV-Licht oder draußen in der Sonne trocknen lassen.

11. Nochmals alles mit feinem Schmirgelpapier schön glatt schleifen, fertig!

ZUTATEN

Polyesterharz, Härter, Glasfasermatte, Microballoons, Mischbecher, Holzspachtel, Holzstäbchen, Einmalhandschuhe, Schere, Schleifpapier (im Idealfall 80er, 120er, 300er und 800er), Klebebandrolle (erhältlich u. a. bei *www.big-ding.com*)

1

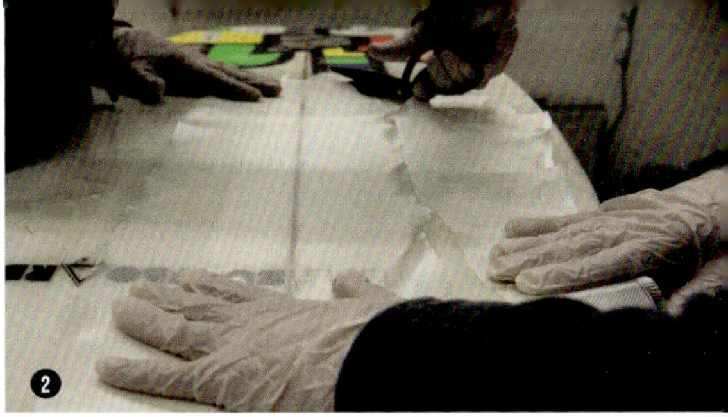
2

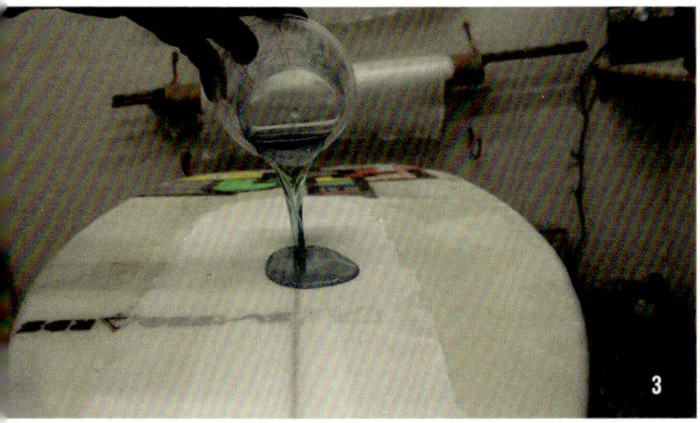
3

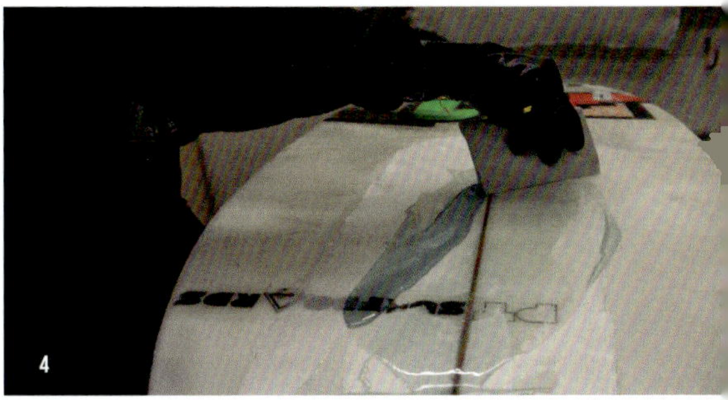
4

5

6

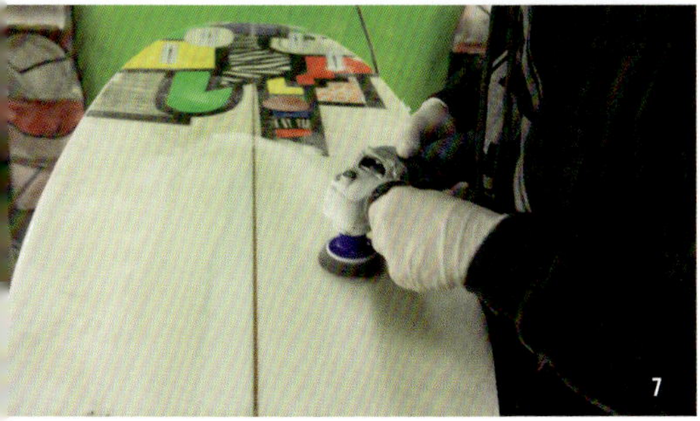
7

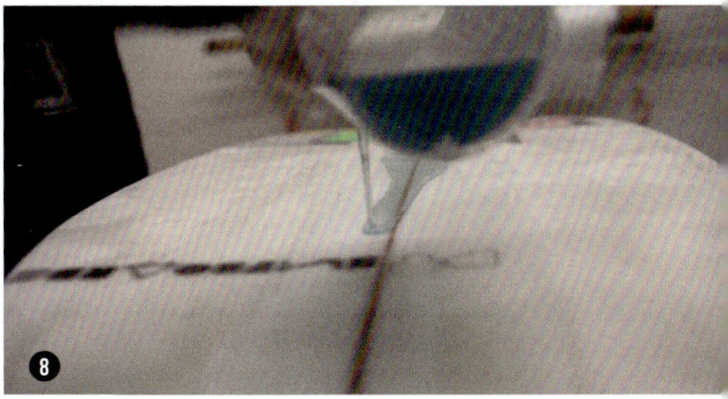
8

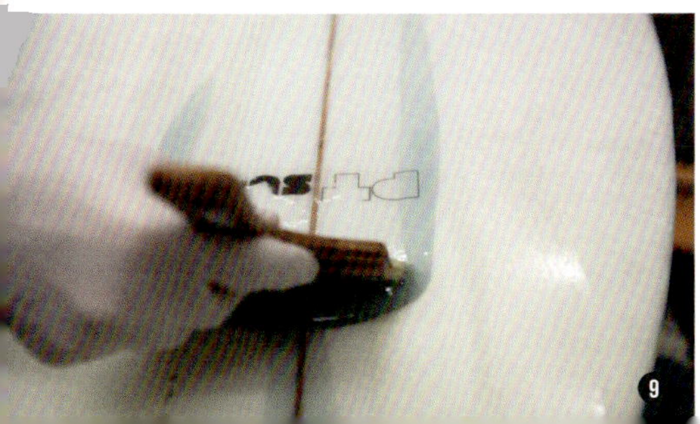
9

10

PAINTJOB

1. Der Paintjob ist wichtig, wenn man sich ein Board mit farbigem Harz gekauft und dieses irgendwo angebumst hat und reparieren muss. Oder aber, wenn man leicht kriminell veranlagt ist und ein gebrochenes Board an einen Ahnungslosen weiterverkaufen möchte und die Bruchstelle durch möglichst viel Farbe gut kaschieren will. Dafür braucht man Sprühfarben, Caps (um verschieden breite Sprühspitzen zu machen), Edding, Posca (z. B. bei Santo Loco zu erwerben), Klebeband, Ketchup, Senf, Honig, Spüli, oder was auch immer bei Muttern im Schrank rumsteht...

2. Falls nötig, Board gut reinigen, damit die Farbe besser haftet. Flächen, die man farbfrei behalten möchte, werden abgeklebt oder, wenn man etwas kreativer an die Sache herangehen will, mit Ketchup bekleckert und/oder mit Steinen, Finnen, Sträuchern, oder was auch immer zur Hand ist, abgedeckt...

3. Sprüh an Farbe drauf, was und wie es dir gefällt. Sei kreativ und tob dich aus.

4-6. Klebeband und alles andere entfernen, gut abwaschen und anschließend trocknen lassen. Durch die Farbe ist die Oberfläche nun ein wenig rau, deswegen mit feinem Schleifpapier (400er bis 1200er) leicht mit Wasser abschleifen – aber ohne die ganze Farbe, weil sonst ja alles umsonst gewesen wäre!

7. Wenn Aufkleber da sind, drauf damit.

8. Mit Edding, Posca & Co. noch weiter bemalen oder beschriften.

9. Fertig! Das Ganze dauert eigentlich höchstens eine Stunde.

Vielen Dank an Tao Schirrmacher von www.big-ding.com und Heiko Pfisterer von www.ptsurfboards.com für ihre Hilfe bei der Umsetzung dieses Kapitels!

ZUTATEN

Edding
Posca
Klebeband
Ketchup
Senf
Honig
Spüli

Fotos: Tao Schirrmacher

251+
1

2

3

4

5

6

7

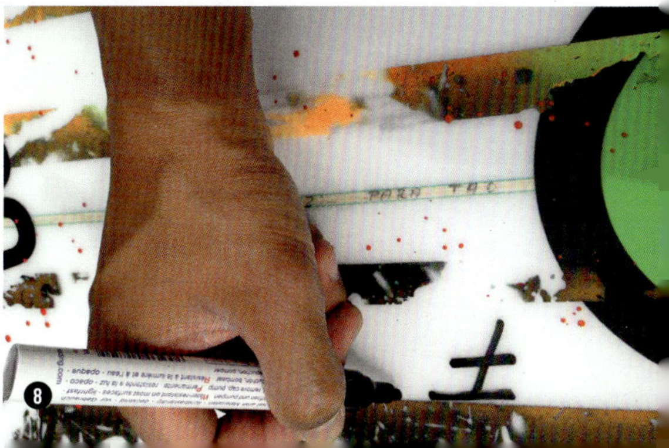
8

DIARY

MAP

Wir alle lieben es, unsere „Trophäen“ zu sammeln.

MACH DEIN KREUZ, WO DU SCHON ÜBERALL WARST.

REISETAGEBUCH

Wo warst du wann mit wem auf dem Wasser? Schaff dir durch dieses Tagebuch einen Überblick über deine letzten Surf-Trips.

WO: ____________________

WANN: ____________________

MIT WEM: ____________________

WELCHE BOARDS: ____________________

WELCHE SPOTS GESURFT: ____________________

____

____

TEMPERATUR TAG: ______ °C I NACHT: ______ °C I WASSER: ______ °C

PREISE FÜR FLUG: ______ € I HOTEL: ______ € I MIETWAGEN: ______ € I BIER: ______ €

WO: ____________________

WANN: ____________________

MIT WEM: ____________________

WELCHE BOARDS: ____________________

WELCHE SPOTS GESURFT: ____________________

____

____

TEMPERATUR TAG: ______ °C I NACHT: ______ °C I WASSER: ______ °C

PREISE FÜR FLUG: ______ € I HOTEL: ______ € I MIETWAGEN: ______ € I BIER: ______ €

WO:

WANN:

MIT WEM:

WELCHE BOARDS:

WELCHE SPOTS GESURFT:

TEMPERATUR TAG: °C I NACHT: °C I WASSER: °C

PREISE FÜR FLUG: € I HOTEL: € I MIETWAGEN: € I BIER: €

WO:

WANN:

MIT WEM:

WELCHE BOARDS:

WELCHE SPOTS GESURFT:

TEMPERATUR TAG: °C I NACHT: °C I WASSER: °C

PREISE FÜR FLUG: € I HOTEL: € I MIETWAGEN: € I BIER: €

WO:

WANN:

MIT WEM:

WELCHE BOARDS:

WELCHE SPOTS GESURFT:

TEMPERATUR TAG: °C I NACHT: °C I WASSER: °C

PREISE FÜR FLUG: € I HOTEL: € I MIETWAGEN: € I BIER: €

WO: ______

WANN: ______

MIT WEM: ______

WELCHE BOARDS: ______

WELCHE SPOTS GESURFT: ______

______

______

TEMPERATUR TAG: ______ °C I NACHT: ______ °C I WASSER: ______ °C

PREISE FÜR FLUG: ______ € I HOTEL: ______ € I MIETWAGEN: ______ € I BIER: ______ €

WO: ______

WANN: ______

MIT WEM: ______

WELCHE BOARDS: ______

WELCHE SPOTS GESURFT: ______

______

______

TEMPERATUR TAG: ______ °C I NACHT: ______ °C I WASSER: ______ °C

PREISE FÜR FLUG: ______ € I HOTEL: ______ € I MIETWAGEN: ______ € I BIER: ______ €

WO: ______

WANN: ______

MIT WEM: ______

WELCHE BOARDS: ______

WELCHE SPOTS GESURFT: ______

______

______

TEMPERATUR TAG: ______ °C I NACHT: ______ °C I WASSER: ______ °C

PREISE FÜR FLUG: ______ € I HOTEL: ______ € I MIETWAGEN: ______ € I BIER: ______ €

WO:

WANN:

MIT WEM:

WELCHE BOARDS:

WELCHE SPOTS GESURFT:

TEMPERATUR TAG: °C I NACHT: °C I WASSER: °C

PREISE FÜR FLUG: € I HOTEL: € I MIETWAGEN: € I BIER: €

WO:

WANN:

MIT WEM:

WELCHE BOARDS:

WELCHE SPOTS GESURFT:

TEMPERATUR TAG: °C I NACHT: °C I WASSER: °C

PREISE FÜR FLUG: € I HOTEL: € I MIETWAGEN: € I BIER: €

WO:

WANN:

MIT WEM:

WELCHE BOARDS:

WELCHE SPOTS GESURFT:

TEMPERATUR TAG: °C I NACHT: °C I WASSER: °C

PREISE FÜR FLUG: € I HOTEL: € I MIETWAGEN: € I BIER: €

WO: ______

WANN: ______

MIT WEM: ______

WELCHE BOARDS: ______

WELCHE SPOTS GESURFT: ______

______

______

TEMPERATUR TAG: ______ °C I NACHT: ______ °C I WASSER: ______ °C

PREISE FÜR FLUG: ______ € I HOTEL: ______ € I MIETWAGEN: ______ € I BIER: ______ €

WO: ______

WANN: ______

MIT WEM: ______

WELCHE BOARDS: ______

WELCHE SPOTS GESURFT: ______

______

______

TEMPERATUR TAG: ______ °C I NACHT: ______ °C I WASSER: ______ °C

PREISE FÜR FLUG: ______ € I HOTEL: ______ € I MIETWAGEN: ______ € I BIER: ______ €

WO: ______

WANN: ______

MIT WEM: ______

WELCHE BOARDS: ______

WELCHE SPOTS GESURFT: ______

______

______

TEMPERATUR TAG: ______ °C I NACHT: ______ °C I WASSER: ______ °C

PREISE FÜR FLUG: ______ € I HOTEL: ______ € I MIETWAGEN: ______ € I BIER: ______ €

WO:

WANN:

MIT WEM:

WELCHE BOARDS:

WELCHE SPOTS GESURFT:

TEMPERATUR TAG: °C I NACHT: °C I WASSER: °C

PREISE FÜR FLUG: € I HOTEL: € I MIETWAGEN: € I BIER: €

WO:

WANN:

MIT WEM:

WELCHE BOARDS:

WELCHE SPOTS GESURFT:

TEMPERATUR TAG: °C I NACHT: °C I WASSER: °C

PREISE FÜR FLUG: € I HOTEL: € I MIETWAGEN: € I BIER: €

WO:

WANN:

MIT WEM:

WELCHE BOARDS:

WELCHE SPOTS GESURFT:

TEMPERATUR TAG: °C I NACHT: °C I WASSER: °C

PREISE FÜR FLUG: € I HOTEL: € I MIETWAGEN: € I BIER: €

WO:

WANN:

MIT WEM:

WELCHE BOARDS:

WELCHE SPOTS GESURFT:

TEMPERATUR TAG: °C I NACHT: °C I WASSER: °C

PREISE FÜR FLUG: € I HOTEL: € I MIETWAGEN: € I BIER: €

WO:

WANN:

MIT WEM:

WELCHE BOARDS:

WELCHE SPOTS GESURFT:

TEMPERATUR TAG: °C I NACHT: °C I WASSER: °C

PREISE FÜR FLUG: € I HOTEL: € I MIETWAGEN: € I BIER: €

WO:

WANN:

MIT WEM:

WELCHE BOARDS:

WELCHE SPOTS GESURFT:

TEMPERATUR TAG: °C I NACHT: °C I WASSER: °C

PREISE FÜR FLUG: € I HOTEL: € I MIETWAGEN: € I BIER: €

WO:

WANN:

MIT WEM:

WELCHE BOARDS:

WELCHE SPOTS GESURFT:

TEMPERATUR TAG: °C I NACHT: °C I WASSER: °C

PREISE FÜR FLUG: € I HOTEL: € I MIETWAGEN: € I BIER: €

WO:

WANN:

MIT WEM:

WELCHE BOARDS:

WELCHE SPOTS GESURFT:

TEMPERATUR TAG: °C I NACHT: °C I WASSER: °C

PREISE FÜR FLUG: € I HOTEL: € I MIETWAGEN: € I BIER: €

WO:

WANN:

MIT WEM:

WELCHE BOARDS:

WELCHE SPOTS GESURFT:

TEMPERATUR TAG: °C I NACHT: °C I WASSER: °C

PREISE FÜR FLUG: € I HOTEL: € I MIETWAGEN: € I BIER: €

WO: ______

WANN: ______

MIT WEM: ______

WELCHE BOARDS: ______

WELCHE SPOTS GESURFT: ______

______

______

TEMPERATUR TAG: ______ °C I NACHT: ______ °C I WASSER: ______ °C

PREISE FÜR FLUG: ______ € I HOTEL: ______ € I MIETWAGEN: ______ € I BIER: ______ €

WO: ______

WANN: ______

MIT WEM: ______

WELCHE BOARDS: ______

WELCHE SPOTS GESURFT: ______

______

______

TEMPERATUR TAG: ______ °C I NACHT: ______ °C I WASSER: ______ °C

PREISE FÜR FLUG: ______ € I HOTEL: ______ € I MIETWAGEN: ______ € I BIER: ______ €

WO: ______

WANN: ______

MIT WEM: ______

WELCHE BOARDS: ______

WELCHE SPOTS GESURFT: ______

______

______

TEMPERATUR TAG: ______ °C I NACHT: ______ °C I WASSER: ______ °C

PREISE FÜR FLUG: ______ € I HOTEL: ______ € I MIETWAGEN: ______ € I BIER: ______ €

WO:

WANN:

MIT WEM:

WELCHE BOARDS:

WELCHE SPOTS GESURFT:

TEMPERATUR TAG: °C I NACHT: °C I WASSER: °C

PREISE FÜR FLUG: € I HOTEL: € I MIETWAGEN: € I BIER: €

WO:

WANN:

MIT WEM:

WELCHE BOARDS:

WELCHE SPOTS GESURFT:

TEMPERATUR TAG: °C I NACHT: °C I WASSER: °C

PREISE FÜR FLUG: € I HOTEL: € I MIETWAGEN: € I BIER: €

WO:

WANN:

MIT WEM:

WELCHE BOARDS:

WELCHE SPOTS GESURFT:

TEMPERATUR TAG: °C I NACHT: °C I WASSER: °C

PREISE FÜR FLUG: € I HOTEL: € I MIETWAGEN: € I BIER: €

WO:

WANN:

MIT WEM:

WELCHE BOARDS:

WELCHE SPOTS GESURFT:

TEMPERATUR TAG: °C I NACHT: °C I WASSER: °C

PREISE FÜR FLUG: € I HOTEL: € I MIETWAGEN: € I BIER: €

WO:

WANN:

MIT WEM:

WELCHE BOARDS:

WELCHE SPOTS GESURFT:

TEMPERATUR TAG: °C I NACHT: °C I WASSER: °C

PREISE FÜR FLUG: € I HOTEL: € I MIETWAGEN: € I BIER: €

WO:

WANN:

MIT WEM:

WELCHE BOARDS:

WELCHE SPOTS GESURFT:

TEMPERATUR TAG: °C I NACHT: °C I WASSER: °C

PREISE FÜR FLUG: € I HOTEL: € I MIETWAGEN: € I BIER: €

WO:

WANN:

MIT WEM:

WELCHE BOARDS:

WELCHE SPOTS GESURFT:

TEMPERATUR TAG: °C I NACHT: °C I WASSER: °C

PREISE FÜR FLUG: € I HOTEL: € I MIETWAGEN: € I BIER: €

WO:

WANN:

MIT WEM:

WELCHE BOARDS:

WELCHE SPOTS GESURFT:

TEMPERATUR TAG: °C I NACHT: °C I WASSER: °C

PREISE FÜR FLUG: € I HOTEL: € I MIETWAGEN: € I BIER: €

WO:

WANN:

MIT WEM:

WELCHE BOARDS:

WELCHE SPOTS GESURFT:

TEMPERATUR TAG: °C I NACHT: °C I WASSER: °C

PREISE FÜR FLUG: € I HOTEL: € I MIETWAGEN: € I BIER: €

PLATZ FÜR DEINE NOTIZEN

PLATZ FÜR DEINE NOTIZEN

PLATZ FÜR DEINE NOTIZEN

PLATZ FÜR DEINE NOTIZEN

PLATZ FÜR DEINE NOTIZEN

FOTOS IN DIESEM BUCH

Wo sind welche Fotos in diesem Buch entstanden?
Diese Übersicht hilft:

Cover: Draculas, in der Nähe von Taghazout, Marokko
Seite 8: Teahupoo, Tahiti
Seite 12 - 13: Pipeline, Oahu
Seite 14: North Shore von Oahu
Seite 15: Pampa, Irland
Seite 16: Canggu, Bai, Indonesien
Seite 17 oben: Nordstrand auf der Düne, Helgoland
Seite 17 unten: Lippe, Ostsee
Seite 21 oben: Sunset Point, Oahu
Seite 21 unten: Pipeline und Backdoor, Oahu
Seite 22: Mullaghmore, Irland
Seite 23 oben links: Waimea, Oahu
Seite 23 oben rechts: Keramas, Bali
Seite 23 unten links: Haie in der Lagoone von Bora Bora
Seite 23 unten rechts: Secret Spot in der Nähe von Thagazout, Marokko
Seite 24: Pipeline, Oahu
Seite: 28 - 29: Polen-Shapewerkstatt in Lissabon, Portugal
Seite 30: Waikiki, Oahu
Seite 33: Shapewerkstatt von u.a. Dick Brewer auf Oahu
Seite 35: Shapewerkstatt von Schaper Surfboards auf Oahu
Seite 36: Shapewerkstatt von Deus Ex Machina auf Bali
Seite 37: Shapewerkstatt von Schaper Surfboards auf Oahu
Seite 38 oben: Shapewerkstatt von North Shore Surfboards auf Fuerteventura
Seite 38 unten: Shapewerkstatt von Robert Surfboards in Kalifornien
Seite 40: Nova-Scotia, Kanada
Seite 42 – 43: Moliets Plage, Frankreich
Seite 44: Hainan, China
Seite 45: Jardim do Mar, Madeira
Seite 46: Bono-Welle im Kampar-River, Sumatra
Seite 48: Tofino, British Columbia, Kanada
Seite 50 – 51: Teahupoo, Tahiti
Seite 52: Waikiki, Oahu
Seite 54: Eisbach, München
Seite 55: Black Rock, Bocas Del Toro, Panama
Seite 57: Moliets Plage, Frankreich
Seite 58: Uluwatu, Bali
Seite 59: Bells Beach, Victoria, Australien
Seite 60: Thurso, Schottland
Seite 62: Klittmøller, Dänemark
Seite 63: Westerland, Sylt
Seite 64: Los Lobos, Fuerteventura, Spanien
Seite 65: Steamer Lane, Santa Cruz, Kalifornien
Seite 67: Pipeline, Oahu
Seite 68 – 69: Bundoran, Irland
Seite 73 – 91 : Moliets Plage, Frankreich
Seite 92 – 101: Eppendorf, Hamburg
Seite 102 – 113: Eisbach, München
Seite 138: Teahupoo, Tahiti
Seite 141: Nova-Scotia, Kanada

PACKLISTE

Selbst der erfahrenste Globetrotter vergisst mal was beim Kofferpacken. Das kann dir mit diesen Listen nicht mehr passieren!

BASIC-PACKLISTEN
Was muss alles mit auf Reisen? Abhängig davon, ob Kalt- oder Warmwasser-Destination, haben wir dir zwei Listen zum Abhaken zusammengetragen, sodass auf dem nächsten Surf-Trip eigentlich nichts vergessen sein dürfte.

WARMWASSER-DESTINATION

Zum Surfen

- ☐ Surfboard
- ☐ Finnen
- ☐ Finnenschlüssel
- ☐ Ersatzschrauben für Finnen
- ☐ Leash
- ☐ Leash-Bändchen
- ☐ Ding-Repair-Set/Solarez

- [ ] Warmwasser-Wachs
- [ ] Wachskamm
- [ ] Boardbag
- [ ] Boardsocke
- [ ] Boardshorts/Bikini
- [ ] Neo-Top
- [ ] Reef-Booties
- [ ] 3/2er-Neo

Klamotten

- [ ] Unterhosen
- [ ] Socken
- [ ] T-Shirts
- [ ] kurze Hose
- [ ] leichte lange Hose für abends und gegen Mücken und/oder Sonne
- [ ] leichtes Hemd
- [ ] Flip-Flops
- [ ] Regenjacke
- [ ] Sonnenbrille

Wichtige Unterlagen

- [ ] Reisepass
- [ ] Kopie des Reisepasses (an einem anderen Ort aufbewahren als den Reisepass an sich)
- [ ] Flugticket
- [ ] Mietwagen-Voucher
- [ ] Kopie des Impfpasses
- [ ] Kreditkarte
- [ ] Führerschein (gegebenenfalls internationaler Führerschein)

Hygiene/Erste Hilfe

- [ ] Zahnbürste und Zahnpasta
- [ ] Deo
- [ ] Duschzeug
- [ ] Hautcreme
- [ ] Sonnencreme
- [ ] Zinkstift
- [ ] Nagelknipser/-schere
- [ ] Mückenschutz
- [ ] Schmerztabletten
- [ ] Kohletabletten
- [ ] Desinfektionsspray für Reef-Cuts etc.
- [ ] Anti-Allergie-Mittel
- [ ] gegebenenfalls Malaria-Prophylaxe
- [ ] Erste-Hilfe-Standart-Set

Für den Camping-Trip

- [ ] Zelt
- [ ] Isomatte
- [ ] Moskitonetz
- [ ] Angel
- [ ] Campingkocher
- [ ] Topf
- [ ] Teller
- [ ] Tasse
- [ ] Besteck
- [ ] Taschenmesser
- [ ] Taschenlampe
- [ ] Solar-Charger

Gadgets

- [ ] Handy
- [ ] Ladekabel für Handy
- [ ] Fotokamera
- [ ] Speicherkarten
- [ ] Akku für Kamera
- [ ] Stromadapter

KALTWASSER-DESTINATION

Zum Surfen

- ☐ Surfboard
- ☐ Finnen
- ☐ Finnenschlüssel
- ☐ Ersatzschrauben für Finnen
- ☐ Leash
- ☐ Leash-Bändchen
- ☐ Ding-Repair
- ☐ Kaltwasser-Wachs
- ☐ Wachskamm
- ☐ Boardbag
- ☐ Boardsocke
- ☐ 4/3er-, 5/4er-, 6/5er-Neo (je nach Temperatur, siehe Seite 40)
- ☐ Booties
- ☐ Haube
- ☐ Handschuhe

Klamotten

- ☐ Unterhosen
- ☐ lange Unterhose
- ☐ dicke Socken (die Firma Sealskinz produziert wasserdichte Socken)
- ☐ T-Shirts
- ☐ Thermo-Layer
- ☐ lange Hosen
- ☐ Regenhose
- ☐ Regenjacke
- ☐ Daunenjacke
- ☐ Sonnenbrille

Wichtige Unterlagen

- ☐ Reisepass
- ☐ Kopie des Reisepasses (an einem anderen Ort aufbewahren als den Reisepass an sich)
- ☐ Flugticket
- ☐ Mietwagen-Voucher
- ☐ Kopie des Impfpasses
- ☐ Kreditkarte
- ☐ Führerschein (gegebenenfalls internationaler Führerschein)

Hygiene

- ☐ Zahnbürste und Zahnpasta
- ☐ Deo
- ☐ Duschzeug
- ☐ Hautcreme
- ☐ Sonnencreme
- ☐ Zinkstift
- ☐ Nagelknipser/-schere
- ☐ Vaseline (für das Gesicht, wenn es beim Surfen richtig kalt wird)
- ☐ Schmerztabletten
- ☐ Desinfektionsspray
- ☐ gegebenenfalls Anti-Allergie-Tabletten
- ☐ Erste-Hilfe-Standart-Set

Foto: c-skins.com

Für den Camping-Trip

- [ ] Zelt
- [ ] Isomatte
- [ ] Angel
- [ ] Campingkocher
- [ ] Topf
- [ ] Teller
- [ ] Tasse
- [ ] Besteck
- [ ] Taschenmesser
- [ ] Taschenlampe
- [ ] Solar-Charger
- [ ] Wärmflasche
- [ ] Taschenwärmer

Gadgets

- [ ] Handy
- [ ] Ladekabel für Handy
- [ ] Fotokamera
- [ ] Speicherkarten
- [ ] Akku für Kamera
- [ ] Stromadapter

THAT'S IT, THAT'S ALL...

... and see you in the barrel!

So, das Buch ist nun zu Ende. Wir hoffen, es hat euch gefallen. Ihr seid jetzt auf jeden Fall bestens informiert und „ready to hit the waves"! Ach, übrigens: Jedes der Bilder, die ihr hier im Buch gesehen habt, könnt ihr euch als Poster, auf Leinwand, Acrylglas, Alu-Dibond oder auf fast jedem weiteren Medium bestellen. Einfach die Seitenzahl, auf dem das Bild gedruckt ist, an ***info@larsjacobsen.com*** schicken und dazuschreiben, wie groß und auf welchem Medium ihr es gedruckt haben wollt. Ihr bekommt umgehend eine unverbindliche Preisauskunft.
Weitere Bilder gibt es unter
www.larsjacobsen.com

IMPRESSUM

Redaktion und Herausgeber
Lars Jacobsen
info@larsjacobsen.com

Lektorat
Gunnar Hinrichs

Grafik
Eva Griesheimer
Eva.Griesheimer@googlemail.com

Fotos
Lars Jacobsen
www.larsjacobsen.com
(außer anders markiert)

Anzeigen
Lars Jacobsen

Redaktionsanschrift
Wrangelstraße 69b
20253 Hamburg
Tel. 0170-5574728
info@larsjacobsen.com

Autoren
Florian Gränert, Lars Jacobsen,
Tao Schirrmacher, Alexander Tesch

ISBN 978-3-00-052720-3

Erste Auflage erschienen im April 2016

Die meisten Fotos in diesem Buch können von Lars Jacobsen *www.larsjacobsen.com* lizensiert werden.